W0308316

BG

BIBLIOTECA GALLEGA

O CATECISMO DO LABREGO

Para esta edición utilizáronse os textos fixados por Victoria A. Ruiz de Ojeda en *O Catecismo do labrego e outras prosas*, 1990.

Este exemplar véndese conxuntamente coa edición de *La Voz de Galicia*.

Editorial: La Voz de Galicia, S. A.
Editor: Santiago Rey Fernández-Latorre
Director: Bieito Rubido Ramonde
Director da colección: Tucho Calvo
Deseño da cuberta: Xoán G.

© LA VOZ DE GALICIA, 2001
© EDICIÓNS XERAIS DE GALICIA, S. A., 2001

ISBN: 84-88254-76-8 (La Voz de Galicia)
ISBN: 84-8302-734-8 (Edicións Xerais de Galicia)
Dep. Legal: C-2536-2001

Impreso en Brosmac, S. L.
Encadernado en Atanes Lainez, S. A.

O CATECISMO DO LABREGO

VALENTÍN LAMAS CARBAJAL

BIBLIOTECA 120 GALEGA

caixanova

La Voz de Galicia

PRESENTACIÓN

Como que xa o conecedes, porque o fun pubricando pouco a pouco, non preciso decirvos que se trata dun libriño que ten o cheiro, o sabor i o color da nosa terriña. Todo o que nel se di está resumido no dibuxo da portada, que aí vos vai tamén. O coitadiño paisano gallego marcha, camiño do Calvario, levando sobre do lombo a pesada cruz das súas calamidás e disgracias. Atado polo pescozo cunha corda, da que turra un ministro, vai escoltado por un xeneral e un señor. Todos tres fan co infiliz Xan Paisano o oficio que fixeron os xudíos con Noso Señor, i alá vai o probe caíndose a cada dez pasos co peso do madeiro i exposto a esganarse coas turradelas de corda que lle dá o ministro pra que se espabile.

Tódalas disgracias que vos suceden, tódalas inxusticias que fan con vosoutros, tódalas agunías por que pasades, verédelas no *Catecismo*, meus queridos compañeiros de monteira. Elo parés que está feito en groma, pro, rindo, rindo, vaise mallando nos que de tan mal xeito nos poñen; pois xusto é que, xa que non nos deixan máis direito que o de pataleo, o exercitemos ben i en debida forma.

Como sei que os cartos andan polas nubes, púxenvos o *Catecismo* ó precio máis barato que puden. Prós suscritores do *Tío Marcos* non custa máis que un real, e dous prós que non o son. É xusto que ós que me axudan polo ano adiante se lles den as cousas a menos precio. Por suposto que esto non vai máis que cos que pagan relixiosamente a súa suscrición, pois prós que se empeñan en lerme *de moca*, teño eu unha mui grande detrás da porta pra quitarlles as malas mañas de recibir o pródico, facerme trallabar todo o ano coa pruma, que é pior que traballar cunha aixada, e logo roubarme as cadelas e deixarme sin pan que levar á boca e facerme andar coa monteira vella i os calzós con dous buratos onde todos sabedes.

E non vos digo máis, meus vellos: mercade o *Catecismo do labrego*, que vos habedes de rir un pouco e darme as gracias, porque é un libriño que se fixo por vosoutros e pra vosoutros. E tede coidado de lelo a carón da lareira e cun pucheiro de viño ó lado porque fai un frío que tolle.

DECRARACIÓN DA DOUTRINA LABREGA

P.—¿Sodes labrego?

R.—Si, pola miña desgracia.

P.—Ese nome de labrego, ¿de quen o recibiche?

R.—Do sacho, que me fai callos nas mans, da terra, que rego co suor da miña testa; das mouras fames que paso, do aire que brúa nas miñas faltriqueiras, da monteira que levo na chola, da coroza de palla que me libra da chuvia, das cirigolas de estopa que me cobren de medio corpo abaixo e doutras caiveces entre as que vivo aguniando.

P.—¿Que quere decir labrego?

R.—Home acabadiño de traballos; caste de besta de carga na que tanguen a rabear os que gobernan; ser a quen fan pagar cédula como ás persoas pra tratalos como ós cas; que leva faltriqueiras no traxe por fantesía, boca na cara por bulra; que anda de arrastro como as cobras; que furga na terra como as toupeiras; que traballa moito e come pouco; que, a somellanza dos burros de arrieiro, que levan o viño e beben auga, precuran o trigo pra comeren o millo; que anda langraneando por unha peseta sin poder nunca xuntala, e que vén a ser considerado polos seus somellantes como un ninguén que, a todo chamar, chámanlle Xan Paisano.

P.—¿Que entendedes por home de labranza?

R.—Unha casta de boi posto de pé, unha máquina de sacar diñeiro da terra.

P.—¿Cal é a sinal do labrego?

R.—A probeza.

P.—¿Por que?

R.—Porque nela vivimos e morremos.

P.—¿De cantas maneiras usa o labrego desta sinal?

R—De dúas.

P.—¿Cales son?

R.—Aunar ó traspaso e andar á mioca.

P.—¿Que cousa é aunar ó traspaso?

R.—Unha cousa mui condanada que fai devecer as carnes, abrir a boca, ronronar as tripas e infrar o estómago.

P.—¿Que cousa é andar á mioca?

R.—Deitarse con apetencia i erguerse con fame, sentir antoxos de comer pan e beber viño e non facer máis que comerse o xenio e beber os ventos.

P.—Mostrade como.

R.—Meto por aquívoco as maus nas faltriqueiras e solasmentres alcontro aire...; collo o saco do grau pra ir ó muíño e non topo máis que lenzo; vou á casa dos que teñen a pidir un peso emprestado e, si non me dan coa porta nos fuciños, despáchanme con palabras de moito peso, pro non co peso que eu cobizo; vai o recaudador pra que lle pague os trabucos e non acho máis que disculpas que lle dar.

P.—¿Por que metedes as maus nas faltriqueiras?

R.—Por non perder a costume que herdamos dos nosos pais, que viviron máis acomodados.

P.—¿Pra que as levades á boca?

R.—Enganándonos, coidando que son pan pra ver si deste xeito entretemos o estómago.

P.—¿Por que as levades ó sacho?

R.—Porque en todo tempo e lugar os nosos gobernantes nos piden as pagas dos trabucos i os señoríos as rentas.

P.—¿Cales son os vosos nemigos?

R.—Cóntanse por centos.

P.—¿Que nemigos son eses?

R.—A maores do mundo, do demo e da carne, como teñen tódalas xentes, temos un fato deles: nove ministros en Madril, o delegado da Facenda na provincia, o adeministrador da subalterna no partido, o alcalde, os concexales i o sacretario no concello, o cacique da parroquia, o veciño de porta con porta, a miseria na casa, os pedriscos nos eidos, a filoxera nos viñedos, o recaudador metido na cabeza, os trabucos e a contribución territorial na cana dos ósos, a de consumos entalada nas gorxas, a crencia de que non hemos millorar de sorte no espritu, as falcatrúas da Curia enterradas astra o redaño, etc., etc., etc.

P.—¿I o traballo ten virtude contra eles?

R.—Non, padre; nin esta.

P.—¿E por que non?

R.—Porque non hai cartos que lle cheguen nin o traballo rende pra contentalos.

DIVISIÓN
DA DOUTRINA LABREGA

Xa vimos como sodes labrego, como estades acabadiños polo nome e pola fame de labrego; mais dicíndeme agora:

P.—¿Cantas cousas está obrigado a saber i entender o labrego cando chega a ter uso de razón?

R.—Catro cousas.

P.—¿Cales son?

R.—Saber o que se deixa de comer, saber o que ten que traballar, esquecerse do que ten que pagar e non coidarse do que ten que recibir.

P.—¿Como saberá o que deixa de comer?

R.—Facendo recordo das larotas que se pasan na súa chouza; estabrecendo comparanzas entre os manates de bandullo a xeito de bombo, mofretes infrados, rexos e ben mantidos, que se pasean, i entre os labradores que andan polas carrilleiras e congostras como almas en pena, esvaídos, fracos, esfamiados, pensando no pan que non lles vén ás maus e nos cartiños que fuxen deles como da queima; botándolle olladas degorantes ós aparadores dos almacés onde se vende xamón, salchichós, polos asados, perdices, dulces, conservas, queixos e outros manxares apetecentes; pensando nas veces que polo día adiante se lle abre a un a boca e se lle vai o estómago, xa canso de non dixerir máis que patacas, cando as hai, pra comelas en cachelos, e sin sal, moitas veces, pra seren gallegas enxebres, pois maldita si gracia teñen, nin xiquera lla fan ó estómago.

P.—¿Como saberá o que ten que traballar?

R.—Vendo que non hai un chavo nin unha cunca de fariña na chouza, que o recaudador non dorme, que hai que manter á muller i ós fillos, que os que gobernan non fan máis que pidir trabucos, que os queren ter sempre o comedeiro acugulado, que o persupuesto de gastos é un pozo sin fondo e que o persupuesto de ingresos non pasa de ser unha cesta que os estadistas se degoran por encher de auga; que sin cartos non se pode dar un paso neste mundo, nin hai xusticia, nin direito, nin xiquera é un xente, que dende que lle chaman a un *volo* no bautismo astra *niquitate* no enterro, pasando pola confirmación, en que nos dan unha lufiada na cara, astra o matrimonio, en que nos xunguen a unha muller pra facer unha xunta de boi e vaca que ha turrar polo carro da familia, temos que soltar os cartiños dunha maneira ou doutra, pois si non é por fas é por nefas.

P.—¿Como podrá esquecerse do que ten que pagar?

R.—Poñéndose bébedo, volvéndose louco, meténdose cen brazas debaixo de terra ou morrendo.

P.—¿Como non se coidará do que ten que recibir?

R.—Facéndose de conta que ten os ósos de goma pra que non lle doan por moito que mallen neles, non pasándolle nin polas mentes que ha de recibir cousa que sea de porveito nin que valla diñeiro, porque os labregos, de recibiren, fóra do ben que lles veña recibindo a Dios, non reciben máis que xiringazos.

PRIMEIRA PARTE
EN QUE SE DECRARA O CREDO I OS ARTÍCULOS

P.—Escomenzando polo primeiro: ¿Quen dixo o Credo?

R.—Os Apóstoles.

P.—¿Pra que?

R.—Pra que andemos decote co el na boca.

P.—E vós, ¿pra que o decides?

R.—Pra que Dios nos teña da súa mau, que boa falta nos fai.

P.—¿Que cousa é fe?

R.—Creer o que non vimos.

P.—¿Vistes as moedas de cinco pesos?

R.—Non, padre.

P.—¿I os billetes de banco de cen pesetas?

R.—Non, padre.

P.—¿E creendes neles?

R.—O que é creer, creemos.

P.—¿Por que creedes?

R.—Porque ouvimos falar deles ós ricos; porque sabemos que os nosos cartiños vanse xuntando nas faltriqueiras dos zumezugas de tódalas castas pra se convertir en moedas e billetes; porque nos deprocatamos de que, á conta deles, medran, trunfan e campan os que se alcontran no poleiro.

P.—¿Que cousas son as que creedes como labregos?

R.—Os artículos, principalmente como se conteñen no Credo.

P.—¿Pra que son os artículos?

R.—Pra dar noticia dos dioses da nosa aldea.

P.—¿Quen son eses dioses?

R.—O Alcalde, noso señor; o Sacretario, noso amo, i o Cacique, noso dono.

P.—¿Quen é o Alcalde, noso señor?

R.—É a cousa máis condanada que se pode dicir nin pensar: un señor infinitamente malo, burro, larpeiro, inxusto, principio de tódalas nosas desgracias e fin de tódalas nosas facendas.

P.—A condanadísima trinidá, ¿quen é?

R.—É o mesmo Alcalde, o mesmo Sacretario i o mesmo Cacique, tres presoas distintas e unha sola calamidá verdadeira.

P.—¿O Alcalde é dios?

R.—É; si, señor.

P.—¿O Sacretario é dios?

R.—Ogallá non o fora.

P.—¿O Cacique é dios?

R.—Así el adoecera como o é.

P.—¿O Alcalde é o Sacretario?

R.—Non, señor.

P.—¿O Sacretario é Alcalde?

R.—Ás veces.

P.—¿O Cacique é Alcalde ou Sacretario?

R.—Si non o é, como si o fora.

P.—¿Por que?

R.—Porque si as persoas son distintas, vólvense unha sola cando se trata de mallar en nós, e de zugarnos a sangue ou de espremernos a faltriqueira.

P.—E logo, ¿cantas naturezas, entendementos e voluntás hai neses dioses?

R.—Naturezas, dúas: unha de lobo e outra de porco; entendementos, ningún; voluntás, a do Gobernador, a do Diputado, a do Xuez i as súas malas voluntás.

P.—¿Como é dios o Alcalde?

R.—Mintindo unha infruencia que non ten, agarapiñando votos nas urnias, sacándolle a monteira e facéndolle retesías ós que mandan, asoballando ós que ten baixo de si, recollendo os xamós das nosas chouzas e partíndoos cos manates da vila, sacando cartos ós quintos, cando se tercia, pra seren os primeiros en riqueza e os últemos no reparto de consumos; armándolle a gaiola ós que non son da súa corda; repartindo os destinos do Concello entre a xente da familia, lobos da camada, i os que se deixan ver por adiantado; estrapexando na política como os esgarabellos na bola, e facendo, en fin, cantas falcatrúas se lle veñen ás mentes pra conservar o mandiño.

P.—¿Como é criador?

R.—Porque saca ós diputados i ós rexidores da nada.

P.—¿Pra que criou Dios ó labrego?

R.—Pra servir ó Alcalde e morrer de fame nesta vida e, si cadra, vivir ardendo na outra.

P.—¿Ten o Alcalde figura corporal como nosoutros?

R.—Eso din, anque pra nosoutros é como si víramos ó demo.

P.—¿Quen é o Sacretario?

R.—É unha feitura do señor Alcalde, tan bo como el, e que se fixo sacretario pra nos rebentar e darnos mal exempro.

P.—¿Cantas naturezas, voluntás i entendementos hai no Sacretario?

R.—Naturezas, unha sola i abonda; voluntás, a súa i a de tódolos que ten por riba, i entendementos, si algún ten, máis valera que non o tivese.

P.—¿E cantas persoas e memorias?

R.—Unha sola persoa con moitas caras, e memoria, a de abondo pra se recordar do que lle ten conta.

P.—¿Que quere dicir Sacretario?

R.—Acabador.

P.—¿De que?

R.—Da nosa pacencia e dos nosos cartos.

P.—¿Como foi concebido o Sacretario?

R.—Obrando o Alcalde i o Cacique contra natura e milagreiramente.

P.—¿Por que dicides contra natura e milagreiramente?

R.—Porque o Sacretario non foi concebido nin naceu como os demais homes.

P.—¿Pois como se obrou o misterio da conceución do Sacretario?

R.—Na mala idea do señor Alcalde meteu o Cacique o pensamento de que pra acabar co país era perciso un home de sangue moura, malas entranas e piores feitos; por un sopro do demo saliu un corpo como o cobizaban, uníronlle un alma atravesada, firmaron o nombramento, i o que dinantes era solasmentres home quedou feito Sacretario.

P.—¿E como naceu milagreiramente?

R.—Saíndo da cabeza do Alcalde sin detrimento da súa brutalidá, á maneira que sai un preso da Carce Modelo sin romper reixas nin portas.

P.—¿Por que quixo ser Sacretario?

R.—Pra facer a vida do labrego un inferno.

P.—¿Que entendedes por inferno?

R.—A aldea en que viven os labregos.

P.—¿Pois cantos infernos hai?

R.—O inferno dos que pagan trabucos e rentas e non teñen pan que levar á boca; o purgatorio dos que van ó servicio do rei vendo quedar os fillos dos ricos na súa casa; o limbo dos nenos, onde se alcontran os que fan o aprendizaxe de labregos, descalzos de pé e perna, esfarrapados, acoradiños de fame, arrecadando o gando na chouza i a leña no monte, e sin ver xiquera unha letra da cartilla dos *Cristos*; i o limbo dos xustos, onde viven os alpabardas que creen nas padricaciós dos políticos, nas promesas dos diputados, na proteución do Goberno, en que han de saír campantes dos seus atolladeiros sin untar o carro i en que lles han de facer xusticia tendo solasmentres razón: xente a máis filiz de todas, porque pensa que abonda traballar pra comer.

P.—¿Que cousa é estar sentado á direita do señor Alcalde?

R.—Ter cuasamentes o seu anaquiño de mando, poder turrar da corda prós amigos, facer toda caste de falcatrúas ós contrarios, remexer nas trécolas do Concello e sacarlle sustancia a tódolos nagocios que lle pasan pola mau.

P.—¿Que creedes cando dicides que hai Concello?

R.—Que hai alí unha ducia de lampantís dos que non se pode agardar nada bo: xente que, cando se xunta, non pensa máis que en espremernos o xugo, en sacarnos os cartos prós consumos i os fillos prá guerra; en facernos traballar por prestación nos camiños que van direitos ás súas casas; en quitarnos o voto e darnos a cédula persoal; espritus malinos que lle fan mal de ollo ás pitas do noso corral i ós porcos do noso cortello; que cando se axuntan é o mesmo que si se escornaran dúas nubes de pedrisco sobre os nosos eidos, e cando se soparan e pasan por diante de nós hai que facerlles a cruz como ó demo e sacarlles a monteira como ós fidalgos.

P.—Ademais do que levades dito, ¿creedes outras cousas?

R.—Si, padre; porque todo o que se di desa xentiña é pouco.

P.—¿Que cousas son esas?

R.—Eso non mo preguntedes a min, que non podrei contestalo por mor da Curia, que, como o zorro coas galiñas, ándanos ganando as voltas pra poñernos á sombra.

M.—*Facendes ben en calarvos, porque en boca pecha non entran moscas i ó bo calar chámanlle labrego.*

SEGUNDA PARTE
EN QUE SE DECRARA O QUE SE HA DE PIDIR

Xa vimos como sabedes o que se ha de creer; veñamos ó segundo, que é o que se ha de pidir.

P.—Das oraciós que rezades, ¿cal é a que máis vos gusta?

R.—O Padrenuestro.

P.—¿Por que?

R.—Porque ten sete peticiós, que son poucas pra nosoutros, pois temos moito que pidir.

P.—¿Cales son?

R.—A primeira é: Santificado sea o teu nome.

P.—¿Que pidides nesa petición?

R.—Que lauden a Dios, o mesmo que nosoutros, aqueles que sólo se acordan de El cando fan a carantoña, e pasan a vida facéndonos aduanadas.

P.—¿Cal é a segunda?

R.—Veña a nós o teu reino.

P.—¿Quen pide eso?

R.—Aqueles que se dormen nas pallas, mentras nosoutros adoecemos a traballar; os que fan política nas aldeas pra encher o bandullo; os que maxinan que tódalas cousas do mundo se fixeron pra eles e arrapañan co seu e co dos veciños; os que pra vivir agardan que lles caian no papo pas cocidos do ceo, i os que, sin traballar nin teren rentas, viven fidalgamente.

P.—¿E vosoutros pidides o mesmo?

R.—Nosoutros pidimos o reino de Dios, porque o deste mundo anda en maus de catro galafates.

P.—¿Cal é a terceira?

R.—Fágase a túa voluntade, así na terra como no ceo.

P.—¿Que pidides neso?

R.—Pidimos que Dios veña a gobernar este cotarro, que anda levado do demo.

P.—¿Cal é a coarta?

R.—O pan noso de cada día, dánolo hoxe.

P.—¿Que pidides nesa petición?

R.—¡E vosté non o ve, santiño! Pidimos pan pra levar á boca, xa que pra nosoutros ou anda polas nubes ou está pechado con cerrollo nas tullas dos vinculeiros. Pidimos algo que comer, xa que traballamos como negros. Pidimos pan pra manter os fillos, que nolo piden en coiros e coas mauciñas direitas. E non é moito pidir pan, xa que o compango é prós que poden.

P.—¿Cal é a quinta?

R.—Perdónanos nosas deudas, así como nosoutros perdonamos ós nosos deudores.

P.—¿Que pidides co eso?

R.—O que non nos han dar nunca, pois inda ben non lle debemos un peso a calquera xa temos o ministro á porta coa demanda. Os nosos deudores ben perdoados están, porque ninguén nos debe nin chavo.

P.—¿Cal é a sexta?

R.—Non nos deixar caír na tentación.

P.—¿E co eso que pidides?

R.—Que Dios nos teña da súa mau e que nos coute ben, porque tanto mallan en nós e tales cousas nos fan e tan amoladiños andamos, que si nos deixamos levar polo xenio e caímos nunha mala tentación, o día que menos se pense non quedan nin os ratos na Alcaldía.

P.—¿Cal é a séutima?

R.—Mais líbranos de mal.

P.—¿E neso que pidides?

R.—Que nos quite Dios de entre as uñas desta xentiña, que non fai nada que pra ben sea.

P.—¿Que quere dicir a palabra *Amén*?

R.—É unha cousa que os que mandan nos fan dicir a todo.

P.—Cando dicides: *¡Ave María!*, ¿con quen falades?

R.—Co repartidor de consumos cando nos di a cota que se nos impuxo; co veciño que nos vén pidir unha peseta emprestada pra saír dun apuro; co Alcalde que nos aconsella que votemos o candidato do Goberno prometéndonos montes e moreas; co médeco, que nos pide máis de dous ferrados de centeo pola avinza; co escribao cando nos notifica a tasa das costas do últemo preito, e co señor abade, que nos di que debemos aunar na Coresma, esquecéndose de que aunamos a traspaso o ano enteiro.

P.—¿Pra que son os ánxeles?

R.—Pra gardarnos.

P.—¿Logo os labregos tendes ánxeles que vos garden?

R.—Si, padre; pro ás veces parece que se dormen, a xuzgar polo desamparo en que nos deixan.

TERCEIRA PARTE
EN QUE SE DECRARA O QUE SE HA DE OBRAR

Xa vimos o que habedes de creer e pidir; vexamos agora como sabedes o que habedes de obrar.

P.—Dicide: ¿Cal é o primeiro mandamento?

R.—Amar a Dios sobre tódalas cousas.

P.—¿A que nos obriga este mandamento?

R.—A adouralo e creer nel e non desconfiar por moitos males que nos sucedan, pois xa sabemos que neste mundo ten que haber de todo, bo e malo; de maneira que si hai raposos que nos leven as galiñas, tamén hai bois que nos axudan a labrar os eidos; si temos lobos que nos coman as ovellas, hai tamén cas que nos garden a facenda; si criamos porcos no cortello, non faltan aduanantes que conten por adiantado cos seus perniles; si temos fillos que nos axuden, non faltan reises que os leven pró seu servicio; si dispomos de viño pra quentar o estómago, tamén hai filoxera que estraga as viñas. Por eso debemos folgarnos do bo, levar con pacencia o malo, e Dios sobre todo.

P.—¿Cal é o segundo?

R.—Non xurar en vano.

P.—¿Quen peca contra esto?

R.—Os que, relaxados polas que lles fan, xuran e perxuran toma-la xusticia pola mau, queimando palleiros, decotando cepas, arrasando labradíos, botando herba dos ratos nos currales dos veciños, armándose de moca pra lle meter co ela as razós na cachola ó contrario e facendo outras cativeces deste xeito; os que, por unha poia de pan e tres netos de viño, sirven de testigos falsos nos preitos e nas causas criminales; os que botan sapos e cobras pola boca a calquera contratempo que teñan; os que xuran acabar cos bes do veciño, levados pola xenreira, i os que, por botarse de valentes, non din tres palabras a reo sin misturar entre elas unha porcallada.

P.—¿Como se xura en falso?

R.—De calquer maneira, porque non hai cousa máis fácele no país. Tódalas aldeas contan con picapreitos estrapexantes que poñen escola de testigos falsos, namentres as outras están pechadas. Por unha picallada, e sin escrúpulos de concencia, botan a presidio a calquer home de ben; por un par de pesetas non falta quen, coa mau na cruz, xure que viu polos seus ollos, i así Diolo salve, voar os burros, vestidos de gardas civís os mosquitos, tirar dun carro dous porcos e cantar misa unha ovella, ou facer un alcalde boas obras.

P.—¿Cal é o terceiro?

R.—Santificar as festas.

P.—¿Quen peca contra esto?

R.—Tódolos labregos, porque, aínda que oiamos a misa, non podemos gardar a festa pola mor de tornar a auga dos lameiros, de arrecadar o gando, de dar de comer ós porcos, de levar o grau ó muíño e outras angueiras que non teñen agarda.

P.—¿Cal é o coarto?

R.—Honrar pai e nai.

P.—¿E que entendedes por eso?

R.—Darlle a nosos pais a millor vida que podemos namentres non chegamos a herdalos.

P.—¿Que máis obrigación hai neste mandamento?

R.—As dos superiores cos inferiores e as dos pais cos fillos.

P.—¿Como as cumprides?

R.—Mandando os fillos á escola pra que non molan na casa cando non temos que darlles que facer; sacándolle a monteira ós señores cando os atopamos nos camiños e facéndolle a figa por detrás; entrando coa orella gacha na casa dos que mandan pra saír dela botando raios e centellas.

P.—¿Cal é o quinto?

R.—Non matar.

P.—¿Quen peca contra el?

R.—Nosoutros non, señor, pois por non matar nin xiquera matamos a fame.

P.—¿Cal é o sexto?

R.—Non fornicar.

P.—¿Quen peca contra este mandamento?

R.—Vellos e mozos, todos puxemos nel as nosas maus. Pecan as mozas churrusqueiras que lle chiscan o ollo ós mozos nas romarías; os rapaces que andan de noite ó sarau rondándolle a porta ás nenas; as parexas que se meten entre os centeos botando de perda o froito; os que, ventando unha muller, escarramelan os ollos i ensinan os dentes como os burros; os que lle van a facer cóxigas ás muiñeiras i as fan bulir máis que o rodicio, saíndo dempois todos enfariñados; os que apagan o candil no fiadeiro pra andar ás apalpadelas; os que véndose entre mullers non poden ter as maus quedas; os que bailan o agarradiño nos turreiros pra que se agarraren sin beilar nas carballeiras; os que dando palabra de casamento non fan máis que as obras; os que ó volver das festas acompañados, non chegan astra media noite á casa; e pra decilo dunha vez, tódolos que gastan calzós e monteira, ou dengue e muradana.

P.—¿Cal é o séutimo?

R.—Non furtar.

P.—¿Quen peca contra este mandamento?

R.—Os que, non contentándose co que Dios lles dou, procuran apañar o alleo; os que andan coas maus no pote do presupuesto; os da Curia, que fan letras como garavanzos porque cobran por pregos os seus direitos; os xastres, que nos piden unha vara de pano pra facer unha monteira; os que gobernan desgobernando; os médecos, que, con unturas de ouro, inutilízannos os fillos pró servicio do rei; os tendeiros, que pesan coa romana do demo e miden cunha vara polo xeito da da xusticia; os empregados, que non teñen tempo pra despachar os nosos asuntos, porque todo el lles é pouco pra fumar cigarros e falar mal do Goberno; os que nos espremen o xugo, finxindo que nos protexen; os que non nos fan ningún servicio non andando diñeiro por diante; os usureiros, que encabalan os rédetos; i outros moitos que fora longo contar, porque o mundo está cheo de gatos que andan sempre á caza dos probes ratiños de aldea.

P.—¿Cal é o outavo?

R.—Non levantar falso testimonio nin mintir.

P.—¿Quen peca contra este mandamento?

R.—Os diputados, que din no Congreso que o país adianta e que o Goberno traballa por millorar a moura sorte dos labregos; os partidos políticos, que aseguran que contan coas simpatías do país; os que casándose con muller rica, fea e vella, sosteñen que se casaron namorados; os que a tódalas mozas lle dan palabra de casamento; a muller que ós vinte anos di, en certos casos, que na súa vida outra lle pasou; o avogado que lle di a unha litigante que non lle cabe direito e logo resulta ó rivés; o médeco, que, consultando á ama dun crego, lle di que non ten cura; o sancristán, que pide prás ánemas; e todos nosoutros, que ás veces esquecemos a verdá.

P.—¿Cal é o noveno?

R.—Non cobizar a muller do veciño.

P.—¿E pecades contra ese mandamento?

R.—Según sea ela, señor.

R.—¿Cal é o décimo?

R.—Non cobizar os bes alleos.

P.—¿Quen peca contra eso?

R.—Tódolos labregos, porque non hai un que non poña os ollos nas leiras do veciño.

OS MANDAMENTOS DA EIREXA LABREGA SON CINCO

O primeiro, oír como nos aldraxan os que mandan, como quen oie chover.

O segundo, mudar de camisa unha vez ó ano, ou denantes si teñen que enterralo a un.

O terceiro, comulgar con rodas de muíño.

O coarto, aunar por boas ou por malas.

O quinto, pagar todo e pra todo, e pagalas todas.

P.—O primeiro, ¿a quen obriga?

R.—A tódolos que teñen algo que perder, pois si nos repoñemos sainos pior a conta.

P.—¿I o segundo?

R.—Obríganos a todos, anque ás veces se nos esqueza cumprilo.

P.—Vindo ó terceiro, ¿como se comulga con rodas de muíño?

R.—Vendo como nos quitan a razón en tódalas cousas e tendo que nos conformar co que veña; deixándonos engrolar por tódolos baduantes por non saber que opoñerlles; pagándolle o sasenta por cento a un usureiro pra oírlle dicir que aínda nos axuda; indo a votar ás urnias sabendo que é como si non fóramos; e pra acabar dunha vez, deixándonos levar polo último que chega.

P.—¿A quen obriga o coarto mandamento?

R.—A tódolos labregos, dendes de que nacen astra que morren.

P.—¿Por que?

R.—Porque cando non hai que levar á boca, é forzoso o aúno; que, anque dicen que hai no mundo pan de abondo pra todos, a verda é que poucas veces chega a nós, i eso de millo, resésego e ben tasado.

P.—¿Como aúnan os labregos denantes de ter uso de razón?

R.—O mesmo que dempois: ó traspaso.

P.—¿A quen obriga o quinto mandamento?

R.—Non hai quen se escape del.

P.—¿Con que pagades por todo?

R.—Cos nosos cartiños e co noso lombo.

P.—¿E con que as pagades todas?

R.—Co noso lombo e cos nosos cartiños.

P.—¿E que pagades?

R.—Os trabucos i as falcatruadas que fan outros.

P.—¿Que son trabucos?

R.—As contribuciós, padre; vostede seica non é da terra.

P.—¿E por que lle chamades trabucos?

R.—Porque é unha cousa que hai que pagar, anque un non queira i anque non teña con que, pois doutro xeito embárgannos o pouco que temos; de maneira que nos fan ciscar as cadelas o mismo que si nos puxesen un trabuco ó peito.

AS OBRAS DE MISERICORDIA SON CATORCE, AS SETE ESPRITUALES I AS SETE CORPORALES

As esprituales son estas:

A primeira, ensinar ó que non sabe librarse das gaiolas que a miúdo nos arman.

A segunda, dar bos consellos ós que están pra caír.

A terceira, correxir ós que non ven por onde camiñan.

A coarta, perdoar as inxurias astra que un poida facer o seu xenio.

A quinta, consolar ás mulleres dos que emigran prás Amérecas.

A sexta, sofrir con pacencia, namentras non haxa outro remedio, as fraquezas e malas ideas dos que mandan.

A séutima, rogar a Dios polos nosos alcaldes defuntos.

As corporales son estas:

A primeira, visitar as bodegas dos veciños.

A segunda, ensinarlle o camiño da taberna ós que teñen fame e deixarse ir si convidan.

A terceira, ensinarlles o camiño da fonte ós que teñen sede.

A coarta, redimirnos cando chegue o caso.

A quinta, mandar ó xastre ós que non teñen cirigolas.

A sexta, dar pousada ó pelegrino si ten con que pagar.

A séutima, levantar mortos.

COARTA PARTE
EN QUE SE DECRARAN OS SACRAMENTOS QUE SE HAN DE RECIBIR

Xa vimos como sabedes o que habedes de creer, pidir e obrar; vexamos como sabedes o que habedes de recibir, que é o derradeiro.

Dicide os sacramentos.

OS SACRAMENTOS DA EIREXA LABREGA SON SETE

O primeiro, Bautismo.
O segundo, Confirmación.
O terceiro, Penitencia.
O coarto, Comunión.
O quinto, Extremaunción.
O sexto, Orden.
O séutimo, Matrimonio.

P.—¿Pra que é o Bautismo?

R.—Pra nos facer cristianos, anque logo nos traten como mouros, e pra que teñamos un nome co que se nos conoza nos recibos da contribución, nas listas do sorteo de quintas, nas citaciós a xuício e noutros decumentiños por este xeito.

P.—¿Pra que é a Confirmación?

R.—Pra que non botemos de perda o noso nome e pra que, coa lufiada que nos dan na cara ó confirmarnos, nos vaiamos afacendo ás que máis adiante nos han de dar no lombo.

P.—¿Pra que é a Penitencia?

R.—Pra purgar os pecados alleos, que os nosos ben purgádo-los temos coa vida arrastradiña que levamos.

P.—¿Pra que é a Comunión?

R.—Pra que manteña as nosas almas, xa que os corpos andan famentos, como Dios e nosoutros sabemos.

P.—¿Que se precisa pra comulgar?

R.—Prós que non son labregos, estar en aúnas dende as doce da derradeira noite; nosoutros, como sempre temos o estómago baleiro, podemos comulgar a calquer hora.

P.—¿Pra que é a Extremaunción?

R.—Pra tres cousas.

P.—¿Cales son?

R.—A primeira, pra quitar os rastros e reliquias da mala vida que nos fixeron pasar; a segunda, pra dar esforzo á alma contra as malas tentaciós; a terceira, pra dar salú ó corpo si lle convén.

P.—¿Que sentides cando recibides a Extremaunción?

R.—Unha grande legría, porque conecemos que logo nos vamos a quitar do lombo a pesada carga da vida; algo así como sinte o que pousa un feixe de leña despois de traelo desde o monte astra a casa, ou como o que, pasados doce anos de presidio, se atopa libre. Ó poñerlle a un a Extremaunción acórdase de que se acabaron pra sempre os días enteiros de turrar polo sacho, de pasar fames negras, de andar pouco menos que en coiros, de pagar a territorial á Facenda, os consumos ó Concello, as rentas ós señoríos, as costas ós xuzgados, os fillos ó rei, os direitos ó abade, as consultas ó avogado, as visitas ó médeco, as recetas ó boticario, sin contar co panadeiro, co taberneiro, co xastre, co zapateiro e con outros moitos, porque os labregos parés que non viñemos ó mundo máis que pra pagar sempre, e inda que nos chamemos cristianos, non deixamos de ser os paganos eternos. Pola Extremaunción sabe un que se vai a ver libre do Alcalde, do Sacretario, do Cacique, dos aduanantes de tódalas castes; sabe que se acabaron os madrugós i os traballiños todos; i, ó recibila, ve o labrego que logo chega o día en que, tras tantos anos de fozar na terra pra facela producir, vaille a servir de cama onde poida descansar pra sempre, dempois de decirlle ó mundo: «¡Eí queda eso!».

P.—¿Pra que é a Orden?

R.—Pra que algús fillos de labregos cheguen a ser xente.

P.—¿Pra que é o Matrimonio?

R.—Pra nada bo, señor. O matrimonio é unha cousa que facemos como se fan outras tantas burradas. Vén a ser algo somellante como xunguirse a un carro e turrar del astra morrer. Cando un non ten pan que meter na boca acúrreselle levar prá casa unha muller que lle axude a pasar fame, que é como dicir: «Ti, que non podes, lévame as costas». Despois veñen os fillos, que non faltan nunca nos matrimonios labregos, i estonces si que é ela. Hai que mantelos, hai que vestilos, hai que mandalos á escola si cadra, hai que atendelos nas súas enfermedás, hai, en fin, que facelos homes. E cando xa empezan a servir pra algo i axudarnos nas angueiras da casa, lévanos pró exército, e mentras eles van a facerse matar á guerra, e si volven, é cun brazo ou unha perna de menos, nosoutros quedamos vellos e acabadiños, sin podernos valer i expostos a morrer esquecidos como cas.

P.—¿Teñen que estar en gracia de Dios os que se casan?

R.—Eso din, pro eu coido que o que hai que estar deixados da súa mau.

P.—¿Cales son os pecados capitales?

R.—Soberba, avaricia, luxuria, ira, gula, envexa e preguiza.

P.—¿Que é soberba?

R.—É un verme que se lles mete na cabeza ós que agarran un anaquiño de mando.

P.—¿Que é avaricia?

R.—Unha cuchumillada que nos dá moito que rascar e que roe, roe, vainos despelexando pouco a pouco.

P.—¿Que é luxuria?

R.—Unha mala fada que nos leva ó matrimonio como os bois ó matadeiro.

P.—¿Que é ira?

R.—Unha cousa que si nos deixáramos levar dela...

P.—¿Que é gula?

R.—Eso non llo pergunte ós labregos: as xentes acomodadas lle podrán responder.

P.—¿Que é envexa?

R.—Un aguillón que se nos crava na alma cando vemos os bes i a facenda dos veciños.

P.—¿Que é priguiza?

R.—Un luxo que non podemos permitirnos os que traballamos.

OS NEMIGOS DA ALMA, DE QUE TEMOS QUE FUXIR, SON TRES

O primeiro é o mundo.

O segundo, o demo.

O terceiro, a carne.

P.—¿Quen é o mundo?

R.—Tódolos malos homes que comen, viven, trunfan e campan á conta do noso traballo.

P.—¿Quen é o demo?

R.—Un coitadiño que noutros tempos foi espantallo das xentes e que agora veu tan a menos que nin xiquera creto lle dan os rapaces da escola.

P.—¿Que é a carne?

R.—Unha cousa que din que se come, e que sabe ben, e que mantén moito, da que temos ouvido falar a miúdo, pro que non nos pasa polas gorxas inda que nos pase polas mentes.

AS BENAVENTURANZAS SON OITO

1ª. Benaventurados os probes, porque serán tratados como bestas de arrieiro.

2ª. Benaventurados os mansos, porque todo o mundo mallará neles.

3ª. Benaventurados os que chora, porque mamarán.

4ª. Benaventurados os que teñen fame e sede de xusticia, porque os fartarán de presidio e de costas.

5ª. Benaventurados os misericordiosos, porque os amolarán canto poidan.

6ª. Benaventurados os limpos de corazón, porque

tamén estarán limpos de faltriqueira.

7ª. Benaventurados os pacíficos, porque todos lles farán a guerra.

8ª. Benaventurados os que padecen persecución pola xusticia, porque, ademais de ir á cadea, pagarán as costas.

P.—¿Que dixemos agora?

R.—Oito verdás grandes como oito pas centeos.

P.—¿Quen son os probes?

R.—Os coitados labregos, que non saben o que é un día de fartura.

P.—¿Quen son os mansos?

R.—Somos tamén nosoutros, porque nos amansan a fungueirazos.

P.—¿Quen son os que choran?

R.—Os que saben pidir a tempo e baixarse a todo o mundo pra lograr o que cobizan.

P.—¿Onde mamarán?

R.—Na ubre do presupuesto.

P.—¿Quen son os que teñen fame e sede de xusticia?

R.—Os que non teñen padriño.

P.—¿Quen son os misericordiosos?

R.—Catro pipiolos que non saben con quen aran.

P.—¿Quen son os limpos de corazón?

R.—Os que nunca foron nada nin tiveron xeito pra emporcar as maus.

P.—¿Quen son os pacíficos?

R.—Os bois e nosoutros.

P.—¿Quen son os que padecen persecución pola xusticia?

R.—Os que lle fan a contra ós que mandan

OUTRAS PROSAS

TIPOS E COSTUMES

O GAITEIRO DE RIANXO

Fillo daquela raza de artistas que nas romaxes da nosa terra foron noutros tempos encanto das rapazas, legría dos nenos i axudante dos mozos trouleadores, o gaiteiro de Rianxo pasou a súa mocedade na compaña dos maordomos, sendo agasallado polos señores abades e vivindo de riola nas vilas e nas aldeas, onde foncho campaba polos seus respetos, sin máis traballo que o que lle custaba o poñer os dedos no punteiro, gobernar o ronco i encher o fol á forza de soprar. Mais aquelas preminencias fóronse, o imperio da gaita pasou, en apinión dos sabidos, pra non volver, i escomenzaron as saudades a facer preixa no corazón do noso gaiteiro, que como as nenas namoradas, sin deprocatarse delo, deu en caír no máis triste dos esmorecementos. Metéuselle a morriña na alma como si fose un meigallo, e si non chorou deixándose levar polas súas coitas, é porque non parecen ben as bágoas nos homes, e facía esforzos pra non chorar; mais no medio das súas estranías, cando as comenencias fuxían pra deixaren canto ós sentementos internos, non sendo dono de si, inda que non choraba engradábanselle os ollos.

¿Sabendes por que sentía esmorecementos o gaiteiro de Rianxo?

Tocoulle por mala fada vivir no tempo en que os gaiteiros escomenzaron a devecer. Os recordos de onte misturados cos presentementos do porvir, amostrábanse diante dos seus ollos como espavorentador pantasma.

Polo camiño que levaban as cousas, a xuzgar polo desleigamento que no tocantes á gaita deu en contaminar ós fillos de Galicia, os gaiteiros, ¡malpocados!, pra non morrer en ningures á mioca, tiñan que trocar o sacho pola gaita ou adoecer coa fame agarrados a ela nun curruncho.

Desque os cornetís de pistón i os demais istrumentos de metal, en endiañada xuntanza, e compondo unha murga atroadora, deron en collerlle o canto ós gaiteiros nas trulladas e nas romaxes, como si respondese a un pensamento do inferno, deron tamén os maordomos en esquecerse dos que tocaban a gaita, pois inda que os chamasen, non lles daban alá moito tino que digamos, i o que era pior, non se coidaban como dinantes de que se alcontrasen satisfeitos e mollasen a miúdo a palleta.

Aquel esquecemento deulle mala espiña. Tempo dempois a cousa xa presentou un carís máis negro. Como si ós maordomos non lle botasen o ramo ó son da gaita, non chamaban ós gaiteiros prás festas, e de chamalos non era pra que foran tocando na precesión, nin pra que tocasen o agarradiño ou a muiñeira no turreiro, según resolvesen os mozos que máis berraban e que millores fungueiros traguían na mau, sinón que era, ¡ai, María Santísima!, pra que fosen tocando detrás do porco, ou da toura que se rifaba pra axuda dos gastos.

O orgullo do gaiteiro alcontrábase ferido; aquelo púñao fóra de si, i a xenreira que lle collera ós músecos da murga do demo, como el dicía, non tiña comparanza coa xenreira que os ladrós lle teñen ós gardas civís.

Si un a un puidese collelos a terbo entre us penedos nunha carballeira, ou onde ninguén o vise pra que no día de mañá non foran a servir de testigos na xusticia, que malos lobos me non coman si non lle esfachicaba os istrumentos nos fuciños, de xeito que non lles quedase gana de volver a collelos pra lle facer a contra ós crásicos gaiteiros, que pola tradición, pola costume, polo esprandor do arte, tiñan millor direito a tocar nas romaxes da nosa terriña gallega.

Ó cabo de tempo os esmorecementos i as xenreiras, e máis que todo a consideración de que coa gaita non se ganaba pra sal, porque os encargados das festas acabaron por non chamar ó gaiteiro, trocaron o artista en labrador, i aquelas maus afeitas ó punteiro, acabaron por acostumarse a turrar do sacho.

¡Seu traballiño lle custou afacerse! Ansí como ansí non é o mesmo tocar na gaita que cavar nas terras.

O gaiteiro de Rianxo, dempois dunha loita semellante á de Prometeo, e botando unha pinga a maores, pra ter ánemos, colgou a gaita como quen colga un touciño; pro colgouna á beira do seu leito, como o loitador que se alcontra vello poidera facer cos trofeos que lle lembrasen as súas vitorias, e por máis que ó espertar polas mañanciñas a viu moitos días diante dos seus ollos, sempre que a miraba fito a fito, dábanlle antoxos de volver ás andadas, de rezusitar como ave Fénix das súas cinsas outra vez gaiteiro. Pro as realidás da vida varríanlle aquelas ideas.

Pasaron anos: a gaita, esquecida polo seu mesmo dono, foise cobrindo de polvo; un raio dunha rata arrombada, como tódalas que están a punto de ser nais, non facía máis que andar á esculca dun cantiño onde poidera con toda confianza ter asegurada a cría: e debeu escoller o istrumento pra facer o niño, porque unha noite non tivo vagar de máis presa que poñerse a roer no fol, i á forza de roer logrou afuracalo, e dempois de idas e voltas, de noites e noites, e de carrexar anaquiños de papés, deu por acabada a angueira, e dempois... chegoulle o seu mal paso e trouxo nove ratos dunha asentada.

Neste medio tempo casouse a filla máis nova do gaiteiro de Rianxo, moza de dezasete abrís, con dous ollos como dous soles, con dúas meixelas como dúas cereixas, cun corpo xeitosiño como poucos, e cus cabelos que mesmamente parecían manelas de ouro.

A legría que houbo na casa foi moita; mais nin por esas lle dira ó gaiteiro por descolgar a gaita pra festexala. Púñalle medo como si a vise unha fada. Pero á forza de beber viño e de correr a xerra na roda, foi o gaiteiro quecendo, escomenzou a ferverlle a sangue, e sintiuse como nos seus millores anos.

Os mozos e mozas que asistiran á voda escomenzaron a atruxar e deprocatándose de que non hai festa sin baile, pidíronlle ó gaiteiro que tocase a gaita. ¡Que si queres! ¡Nin por aquelas se emprestou a compracelos!

—Falemos doutra cousa –respondeu secamente.

Mais o demo, que non dorme, fixo con que o fato de mozas churrusqueiras que alí se atopaban, puxesen á noiva en rogativa pra que lle pidise ó seu pai que tocase á súa honra unha muiñeira, unha sola muiñeira. Acedeu a fila ós rogos e foise onde o pai coa encomenda, dándolle unha aperta mui apertada, e dicíndolle ademais, que xa que aquela era a derradeira noite que durmía na súa casa, non lle negase o favor que lle pidía.

O probe do pai rompeu a chorar e cuase que entre salaios díxolle: «Por respetos ó que me dis, collerei a gaita; pro fágocho de mala gana. Xurei non collela máis na miña vida, e fasme crebar o xuramento. ¡Ogallá que Dios non mo tome en conta!» Colleu un candil, e, como quen vai á forca, tomou o camiño do cuarto onde tiña o seu leito. Pousou o candil nunha artesa, santiguouse como si arrenegase ó demo, avantou na cabeceira e descolgou a gaita.

E maus á obra, púxose a facer os promeiros ensaios, non sin que lle custase montes e moreas o limpala.

Gobernou o ronco, cun pouco de cuspe mollou a palleta –nova caste de molladuras coa que non se avirán nunca os gaiteiros– e deuse a soprar o máis que poido. ¡Como si soprase ó lume, a gaita non soaba! Rosmou entre dentes e apertou con rábecha o codo da mau dereita contra o fol. A apertadura surtiu efectos, porque se ouviron algús chíos; pro lonxe de seren somellantes ós da gaita, eran mui pola contra; calquera xuraría que aqueles chíos non eran máis que os chíos que dan os ratos novos cando bulen nos niños.

—¿Seica me atentas? –marmurou o gaiteiro– e xa se dispuña a soprar de novo i a darlle outra aperta ó fol, cando á luz do candil viu polos seus mesmos ollos brincar, un tras outro, nove ratos pequeniños i unha rata como un coello, que fuxían das entranas do fol.

O xuramento que estonces botou non volo digo. Botouno redondo como non o botara na súa vida, e dempois de xurar excramou con coraxe tirando a gaita no chau: «¡Anda e que te colla o demo, que eu namentres viva en Galicia non volverei a coller a gaita, xa que pola mor dos gallegos de agora caíu en poder dos ratos!».

Vendo os mozos e mozas que compuñan a corte da voda que o gaiteiro de Rianxo tardaba en vir foron de cara a onde estaba i enteiráronse do conto.

Pra eles o caso foi de mal agoiro, e non era milagre. Tamén é de mal agoiro pró espritu tradicional da nosa terra que non se toque a gaita nas romaxes e que os gaiteiros se vexan tan esquecidos e tan aldraxados.

OS GRAXOS DA BURGA

Pasaron moitos anos; esquecéronse moitos recordos; desapareceron as máis das vellas costumes de Ourense; pro non se varreu da memoria das xentes o recordo nin as costumes dos *graxos da Burga.* Inda hoxe a sona que deixaron exténdese polas vilas i aldeas de toda Galicia, pois o mesmo que a sombra ó corpo, vai esta nomeada seguindo ós fillos de Ourense por onde camiñan.

¿Que estudiante non escoitou aló en Santiago dos vermellos lábeos da costureira a quen cortexaba, as frases de «non me fío que eres dos *graxos da Burga*»? ¿Que fillo de Ourense non se lembra dos receos con que foi mirado polas mozas nas romaxes da nosa terra, e dos contratempos con que tivo que loitar dinantes de se facer dono do seu corazón, soilo por ser *dos da Burga*, como nos chaman?

¿Que pai, por deixado da mau de Dios que andivese, foi de boas a primeiras gustante en que a súa filla falase cun de Ourense, sendo como son *graxos da Burga*, e polo mesmo considerados polos labregos, sin que se den conta da razón que teñen pra xuzgalos ansí, como ós mozos de menos lacha e máis sabidos en picardías que andan polo mundo?

Como nos tempos da Inquisición era prós relaxados o *sambenito*, ansí é prós ourensaus inda hoxe, a nomeada de *graxos da Burga.*

Outros a fixeron, e como si se tratase dun foro ou dunha renda perpetua, vímola pagando nosoutros, sin que nos valla axuntar cartos pra redimir esa gabela que nos botaron ó lombo dinantes de que nacésemos.

Pra que todos conezan o que eran os *graxos da Burga* e pra que se convenzan de que desapareceu a caste, e de que non é xusto que xuzguen ós ourensaos como os xuzgan, vouvos contar a causa desa pauliña.

Aló polo ano de 1834, dempois de que botaron ós frades dos conventos, dous orfos de 17 anos que non tiñan oficio nin beneficio, nin quen lles dese de comer, nin sitio onde acollerse, cansos de andar langraneando por esas rúas, gañándolle a volta ós sereos pra se librar dunha malladura de costelas, axuntáronse baixo da costa da Alameda, onde os vagamundos debían xogar ó parar, si non mente aquela cántiga:

Ai, Baltar,
non xogues ó parar
na costa da Alameda
debaixo do hospital,

e sentados ó pe daquel gruñeiro que debeu ser prantado no tempo de María Castaña, puxéronse a parrafear, ocupándose da súa sorte e do seu porvir, cicais pola vez primeira.

Non contan as crónicas o que falaron; mais sábese de certo que oito días dempois daquel parrafeo estabreceran os dous galafates o seu lar nun cavouco feito polos homes, e que servía de rexistro, como punto medio da Burga de Arriba e da Burga de Abaixo.

A *fundación*, como tódalas cousas novas, foi adiante e chegou a ter moitos adiutos. Tódolos vagos e moitos fillos de familia, que sin selo, andaban chalados da casa, tiñan alí o seu agarimo, os seus compañeiros, o seu modo de vivir.

No inverno polas noites durmían ó quente; no vrau polas tardes, cando a raxeira do sol contiña ós veciños nas casas, eles saían ás arrasadeiras, e polas noites cando se deprocataban de que os sereos prenderan no sono, nin máis nin menos que si fosen grilos, saían do burato pra cantar e toma-lo fresco.

Non pasaron catro meses e xa tiñan lembradía en sete légoas á redonda: o cavouco chamábase *Casino*, os seus habitadores eran coñecidos co nome de *graxos da Burga*. Os sete primeiros socios, os máis ilustres graxos, os lexisladores daquela sociedade aventureira e nómada, os que botaron as bases daquela congregación de nugallás, os inxenieiros, arquiteutos e traballadores a un mesmo tempo, que trazaron, dirixiron e fixeron as obras do *Casino da Burga*, foron o *Mourón*, o *Pachete*, o *Portela*, o *Redes*, o *Carruxo*, o *Oso* i o *Cancheiro*. Eran sete como os sábeos de Grecia.

Pra ser *graxo da Burga*, a ninguén se lle pedía patente, nin cuota, nin certificación de boa conduta, nin xiquera o nome de pía, nin os apelidos de pai e nai. Con dicir: «Eiquí estou», tíñase feita a presentación en forma. O bautismo facíanllo dempois sin cirimonias, cunha nomeada da que ninguén se esquecía, como si a gravasen en letras de ouro no medio e medio da praza. O regramento por que se rexían, sin ser escrito nin pubricado, cumpríase ó pé da letra, pola contra dos que se poñen en letras de molde e se pubrican, que nunca se compren.

A lei social dos *graxos da Burga* alcontrábase nesta frase espida de retóricas: «Todo é de todos». Naquela comandita non había ganancias nin perdas, nin capital nin traballo. Si un tiña a fertuna de arrapañar algunha cousa boa nunha taberna da vila, disfrutábana todos en amor e compaña, e probe do *graxo* que dinantes de chegar ó *Casino* se estrevese a pitiscar o que afanara; fose pan, fosen sardiñas, tal como se collera contra a vuntá do seu dono, prantábase no chau que facía de mesa e servíase por iguales anacos a tódolos *socios.* Non había hora fixa de xantar, porque moitos días *non había de que.* Os estómagos dos *graxos da Burga*, asemellándose ós corpos, estaban afeitos a non *traballar* a diario. Cando pasaba un día sin comer i ós máis deles se lle abría moito a boca, non levaban a ela as maus pola mor de que non as pagasen cunha dentada por ser as causonantes da *fame que corría.*

Tampouco andaban mui sobros de roupa: prós sete non tiñan máis que tres *mudas*, compostas de tres pantalós, tres chaleques, tres chaquetas e tres gorras escalazadas; e nada ten de extrano que a esto lle chamasen *mudas*, porque seu traxe era feito polo xastre e do mesmo pano co que visteu Adán no Paradiso; quero dicir que dos sete, catro andaban en coiro, pois o turno pra *mudarse* non chegaba máis que a tres.

Os que andaban de *roupa nova* tiñan que *facer o servicio* por fóra; os demais quedaban de centinela gardando a entrada e saída do *Casino* pola mor de que ninguén se colase por el embaixo, cousa que socedeu poucas veces, e cando socedeu, sin que os graxos lle batesen, o que tal fixo levou que *rascar pra unha tempada.*

Cando algún *graxo* se puña ó sol e se entretiña en matar polo sistema de *uñate* a cochumillada que lle proía no corpo, non faltaba compañeiro que lle adevertise o daño que estaba facendo, nestas ou parecidas palabras:

—Deixa as uñas pra mellor ocasión; non trates tan mal a eses exércitos que nos defenden e gardan sin que coman rancho nin pidan plus, e que sin lle pasar revista de comisario teñen o armamento tan corrente, que non hai quen se estreva a chegar onda nosoutros.

Os *graxos da Burga* tiveron as súas malas épocas, e non deixaron de pasar os seus traballos.

Na Burga de Arriba, na cume da fonte había unha pedra longa dende a que podía guiparse o que pasaba ó longo do *Casino.* Os rapaces de Ourense descubriron aquela cras de pena-vixía, lembrada *Santardós,* e pra atentar ós graxos armábanse de pedras e dende alí acantazábanos, berrando a todo berrar: «¡Luz ó *Casino*!»

Aquela pedrea chegou a facer a delicia dos rapaces que andaban na escola do Rebolo, os que dinantes que chegase a hora de entre lusco e fusco, xa andaban axuntando municiós e xente que lle fose *dar luz ó Casino.*

Pra se librar dos cantazos, tiveron os *graxos da Burga* que facer unhas obras de reparación e defensa. Abriron unhos buratos na parede, e neles se metían engruñándose namentra que os pelouros estrondaban e rodaban pola cova embaixo.

As panadeiras da Barreira queixáronse ó alcalde señor Lebrón de que os graxos lles roubaban as broas enteiras, e da noite prá mañá, co pensamento de que os sereos poidesen collelos millor, por orde da autoridade, un ferreiro púxolle unha reixa ó burato que daba saída á Burga de Arriba.

—Pecháronnos unha porta e non hai chave que faga nela –dixeron os graxos–, mais non por eso deixaremos de facer as nosas escapatorias.

Vendo o alcalde que non daba resultados a gazapeira, anoxouse e mandou que puxesen outra reixa no burato da Burga de Abaixo. Escomenzou a traballar o ferreiro, anuncióuselles que si non saían quedaban alí pechados pra sempre; mais como si tal cousa, os graxos, dinantes de se rendir ó enimigo, acordaron morrer alí xuntos, imitando ansí, sin conecer a Historia nin polo forro, o heroico exempro dos fillos de Numancia.

Os *graxos da Burga* tiñan o corazón a proba de desgracias. Dunha vez armáronlle a un deles unha trampa nunha viña: puxéronlle unha gran ratoeira de ferro, feita de encarga pró caso. Caíu un nela e tronzóuselle unha perna. Os *graxos da Burga*, lonxe de ter mentres de se vengar do feito excramaron cuase churumicando: «Trátannos como ós zorros, pro non hai que facerlle. Xa teremos tino de manter a ese coitado compañeiro que quedou impedido pró *traballo*.»

Nas noites de inverno tiñan iluminado o *Casino* cos faroles que afanaban nos patios das casas; mais nin con luz chegaron os sereos a collelos descoidados. Cando un sereo metía a cabeza polo burato, como si fose por bruxería, as luces apagábanse i o *Casino* quedaba ás escuras, e si houbo algún que noxado pola bulra se resolveu a entrar a tentas, nunca diu cun deles nin por moito tentar, pois nestes casos á voz de «¡ratos ós buratos!», iban os *graxos da Burga* a poñerse como si tivesen o corpo de goma, nas estreitas e altas rendixelas das paredes, dicindo con sorna morna dempois que o sereo pasara adiante do escondrixo en que estaban engruñados: «¡Coloumau!.»

A máis dun dependente da alcaldía que se viu no allo, ouvinlle contar que non sabe como non perdeu o xuício ó verse tan abouxado, ó sentir falar tan preto de si e mais non lle poder botar as gadoupas a un daqueles *paxaros* que voaban sin ter ás.

Por este xeito viviron astra o ano de mil oitocentos coarenta e seis, en que, coa chegada do provincial de Ourense, desapareceron os *graxos da Burga*, que se convertiron en tambores e cornetas dempois de resistir un sitio posto en toda regra por un *piquete* de soldados.

Dende estonces non quedou dos *graxos da Burga* máis que a relembranza, anque algún deles dempois de que lle deron a ausoluta, si ben non pretendeu estabrecer a *escola* de novo, prauticou aquelas costumes, viviu naquela vida, e morreu en opinión de *graxo da Burga* enxebre.

Quedounos tamén ós fillos de Ourense, que dito sea sin ánemo de gabarnos, nin facemos como facían nin pensamos como pensaban, a condanada sona de *graxos da Burga*, pola que somos lembrados e conecidos nas vilas e aldeas da nosa terriña, sin xusticia e sin razón pra elo, como se ve polo que deixo dito.

CACIQUES E OUTRAS PRAGAS

OS CACIQUES

Danse de seu na nosa terra sin precuralos, como a mala herba nos lameiros, como as vixigas nos pequeniños, como os bugallos nas carballeiras, como os torzós nos cabalos, como as miocas beira dos regatos, como a rabia nos cas, como a asma nos gatos, como as chinches no leito dos probes no vrau, como a tiña nos paxariños dinantes de que botan o pelo sandeu, como a peste nas vides.

O cacique fai como os zánganos na colmea, zugan o mel que as abellas traballan. Nembro da familia dos zumezugas, solamentres medra a conta da sangue allea; prendeu nos organismos adeministrativos do país como as andixuelas do lago da Limia nas nádigas dos enfermos.

Abonda pra ser cacique ter a feitura de home. Aqueles que levan por corazón un carozo, por cabeza unha cabaza e por concencia o aire, son os caciques máis enxebres. Como o esprito dos caciques, a xeito dos reutís, non se acomoda sin rastrexar, báixaselles ó estómago. Non pensan noutra cousa senón en fartarse. Pra eles, ter o estómago ben agarimado é ter a concencia tranquila; viven pra comer, sin faceren máis que estrozos como a langosta nos centeos, como as ratas nas artesas e como os lobos no monte.

Tódalas parroquias teñen o seu cacique, que fai os oficios do demo no tocantes a atentar ós homes de ben. Degóranse por lle armar gaiolas ós abades que aldraxan os seus feitos padricando as máusimas do Evanxelio; morren denantes que deixar vivir en paz ós veciños; aduanan en sacreto pra botaren de perda ós maestros de escola que non se axeitan ás súas falcatrúas; e pola cousa máis cativa, por non telo por un señor de perendengues e non lle sacar a monteira cando pasan polo seu lado, por se negar a vender un eido polo que tasen, a facer o seu xenio, botarían a presidio a tódolos labregos.

O cacique, que se amostra como un touro bravo na aldea, camiña paseniño, paseniño, coa vista baixa como os porcos e maineiro como as ovellas pola vila. Do lustre dos homes de ben saca partido pra se enxaretar entre os que mandan.

O poder nas súas maus vén a ser como o garrote nas do verdugo: non deixa de apertar astra que a vítima bote a língoa pra fóra i estarrique a pata.

Prós caciques son os homes limós que se espremen; namentres ven xugo, non soltan a presa.

Os caciques teñen unhas tragadeiras como as do inferno, engulen en onzas como o demo en condanados, sin que ninguén se deprocate. As súas entranas son como as dos abismos; non teñen fondo prás pravedades.

Como as serpentes boas atrán os páxaros co alento, eles atrán ós labradores coas zaramallas dunha infruencia que non teñen, ou que, de tela, vai de emprestado como as lanvitas dos señoritos lapidantes. Cos postes que levan no patín dos Gobernos Civís pra pediren favor, como os probes que piden unha limosniña, aseguraríanse tódolos parrales dos viñedos de Galicia.

Os caciques andan como os corvos ó cheiro da carne morta. Alí onde hai un probe labrador que non pode coas gabelas que lle botan ó lombo, alí onde chora unha familia calquera desgracia que lle veu pola mor dunha demanda que contra ela prantaron no xuzgado, pra degorala, pra se enfouzar nos seus despoxos, pra se poñer bébedo coas súas bágoas, alí aparés o cacique, ave de mal agoiro, aterradora esfinxe das probes chouzas das nosas acurrunchadas aldeas.

O demo arrenégase, o oidium escorréntase co xofre, das vexigas líbrase ós pequenos con vacunalos, os efeutos da rábea conténense poñéndolle ós cadelos bozal: hai no mundo cuasque pra tódolos males remedio, si Dios quer.

¿Que meiciña será boa pra acabar cos caciques? ¿Un bo goberno? ¡Quen o vira! Pola carrilleira que levamos, imos empiorando: vanse os lobos e veñen as lobas.

Como non armemos unha montería pra lles dar unha batida, non vexo.

O RECAUDADOR

Alá vai de a cabalo dun faco famento pola congostra da aldea levando diante o comisionado, a xeito de moura nube de granizo ameazando facer estrozos nos eidos, nas hortas e nas viñas.

Chegou o recaudador, ave de mal agoiro enviada polo fisco pra escorrenta-la legría das chouzas dos labregos. A noticia da súa chegada exténdese polos lugares como a do promeiro caso de cólera, ou como mancha de aceite polo papel de estraza.

O recaudador non ten agarda nin se doi dos salaios dos probes. Ou lle pagan ou encabala os recargos, e dempois de xiringar o máis que pode ós labregos por papeleta, espétalles como se espetan os coitelos nas entranas das reses, un embargo preventivo con xuez municipal, alguacil e demais galafates da casta.

O recaudador non entende máis que de cartos. Si lle morreu a muller a Xan, o a filla a Roque, e Xan e Roque, acoradiños pola pena, non se recordan de pagar os trabucos ou non teñen pra pagalos, ¿que lle contan? Si teñen penas que as durman, e si non teñen diñeiro que o busquen, pois non lle van nin lle veñen coitas e faltas alleas; o que quere son cadelas e non das que ladran, que non deixarían moitos de llas incirrar de xenio.

Si o recaudador gasta de retesías e cumprimentos é co señor alcalde ou cos fidalgos forasteiros, que por teren amistade cos que mandan, convenlle telos da súa conta pra que non lle busquen as cóxegas ou non lle armen a gaiola. Os cartos destes, polo mesmo que non os precisan, nunca teñen présa.

Como a sanguixuela zuga no sangue, o recaudador, zumezuga das aldeas, zuga nos labregos.

Seus oficios fanos cada trimestre pra que os que pagan non teñan xiquera tempo de se repoñer do susto.

Non hai millor sinal de probeza que o trato dun labrego co recaudador.

Asoméllanse ás frebes malinas en que teñen os seus recargos; ás tronadas de vran en que levan o froito que con traballo precuran os labradores; ó demo en que atentan a un pra que caia no pecado de lle pedir diñeiro ó rédito do trinta por cen ós usureiros, coa difrencia de que o demo arrenégase facéndolle a cruz, i o recaudador non se escorrenta por miles e miles de cruces que se lle fagan.

O recaudador ten un axudante manífico no comisionado. Un mata i outro esfola, un pide i outro colle, i os dous cobran.

Pola promeira esquecida de paga, ármanlle o gancho ó dez por cen; pola segunda, ó quince. Polo ano adiante, deste xeito, pouquiño que un se descoide arrabúñanlle o cen por cen. Son usureiros lembrados de real orde polo goberno pra nos cobraren o barato, sin que haxa lugar a demandalos en xuício por lesión enorme.

O recaudador ten a concencia nos repartos da territorial e de consumos. O seu cobizo é andar á esculca dos céntemos que fagan conta crebada pra se quedara coas crebas, pois neste caso, como representante da Facenda que nunca perde, o que sobra nun trimestre non queda en conta pra autro: liquida en todos. Grau a grau vaise enchendo a mau.

Meses dempois de facer tódolos embargos na alcaldía e de espremer as pagas como as espremas no lugar, inda o recaudador non ten ingresado no Tesouro o importe das cuotas do trimestre. Anda tan lixeiro pra cobrar como pousón pra facer o pago.

Nas chouzas dos labregos faltarán as boas novas i as legrías, pro a visita do recaudador... non marra.

Témolo espetado na punta da nariz como un furuncho.

COMO SE FAN OS PEDÁNEOS

Non haberá un maestro de escola en cada feigresía, pero non marra, en todas alcontrarendes un boi que muxa, un bácoro que furgue cos fuciños no esterco, un burro que ornee, un can de palleiro que ladre, un galo que cante o cacaracá, i un pedáneo que turre polo seu anaquiño de mando.

O pedáneo non nace como os poetas, que se fai, e non como os oradores.

No dereito eleutoral latexa o xermen das pedanías. Son os pedáneos ósos civís duros de pelar e malos de roer. Nunca falan co gobernador, nin viron de lonxe ó rei, a nome de quen se gaban de exercer o mandiño; solamentres teñen tratos e baratos co alcalde, e mais por eso, os pedáneos, cando se arma unha de paus no turreiro da parroquia, asumindo a representación de tódalas autoridás da terra, soltan ordes como bellotas un carballo que abanean, e probe do que se estreva a dar unha fala, porque estonces fai unha arrautada pasando un parte ó xuzgado pra que se *destruian* as promeiras dilixencias por desacato.

Por experencia sabrendes algús o ramo cativo que lles entra ós mozos que se ven envoltos en papel sellado.

O pedáneo é unha debanadoira de leises. Non deprendeu a ler na escola, mais vai onde o señor abade pra que o impoña no que trai o *Boletín*, e dempois de escoitar a leutura sin pestanexar, aprica os contos ó caso da maneira que os entende, e Dios colla da súa mau ós que lle caian por banda no tocantes á intelixencia das reales ordes.

Non fai moito que o pedáneo dunha parroquia que non lembro por curtesía, sabendo que o ministro da Gobernación decrarara oficialmente o cólera en Madril, dispuxo por si e ante si, que os veciños da parroquia se decrarasen atacados polo cólera en cumprimento dunha orde do Goberno, baixo a multa de cinco pesetas por desobedencia, a cada un dos que de palabra ou por escrito decrarasen que se alcontraban sanos.

Home de xuício houbo que lle deu a entender o erro, e que lle dixo que era unha tolada non tendo novedá como non tiñan, o pasaren por atacados polo cólera. Non deixou o pedáneo de reconocer a razón do dito, pro contestoulle esconsolándose: «¡Ti que lle queres, quen manda, manda; puxérono en letras de molde e temos que cumprir o que dispón o Goberno!» E gracias ó señor abade que llo tirou da cabeza, non sin traballo (pois tirou como si turrara por un carro), que si non prántalle un parte ó gobernador da provincia dándolle conecemento de que, cumprindo coas ordes do Goberno, quedaban atacados do cólera tódolos veciños da parroquia.

O bo do pedáneo, na conversa que tivo co señor abade, sostiña a razón daquel acordo, dicindo que pra que non molesen cos partes diarios dos casos de cólera que se desen na súa xurisdicción, púñaos a todos atacados dunha asentada, e dempois... que o gobernador acordara conforme á xusticia.

Nantronte fíxose un pedáneo ou un *alcalde de barro*, como lles chaman os que apuran a verba da crítica, e fíxose tal e como corresponde, e por eleución, sacado como dun pozo da vontá dos eleutores, escollido como se escollen as patacas novas nun eido, elexido como se elixe un pano de herbas nos comercios ambulantes dunha feira.

No medio e medio da praza da parroquia puxeron unha mesa coxa. Sobre da mesa prantaron unha xerra que levaría seis netos si se enchese de viño; facía de tinteiro un frasco que fora de aceite de bellotas, coa boca fendida. A pruma estaba esgallada, i os papés, como corría vento, voaban como as moscas axoutadas. Os da mesa, pra que os papés non voasen puxéronlle pedras por riba, nin máis nin menos que si lle deran coio á eleución. Os eleutores non viñan, e dempois de pensalo ben, o máis vello dos que compuñan a mesa, acordou que tocasen a campana pra convocalos. E déronse unha..., dúas..., tres..., moitas campanadas. Algús que andaban na recolleita do centeo coidaron que algo lles ardía. Outros que ouviron os toques de máis lonxe, déronse a pensar nos enfermos pra adiviñaren quen estaría morrendo. Os pequerrechos que recadaban o gando no monte, escomenzaron a camiñar mais a présa temendo que tocasen ós tronos.

Cuasementes que atinaban todos: ardía algo da representación popular, morrían as práuticas constitucionales e tronaba nos ceos do sentido político.

Os da oposición –que tamén non falta quen se apoña na eleución dun pedáneo, polo mesmo que hai máis dun na parroquia que cobice selo– andábana armando ó redor daquel colexio ó aire libre, coa intención de crebar a úrnea e de lle bater unhos fungueirazos na chola ós partidarios do Goberno. E non presentaba a cousa bon carís, a xuzgar polos fungueiros que levaban na mau os que facían a contra, e polas trazas que se deron a chamar á garda civil os que facían a trampa.

Os pensamentos que bulían na cabeza dos eleutores asomellábanse a latexos de xenreira. Os da oposición pensaban en esfarelar meolos; pensaban os do Goberno en armarlle a gaiola ós da oposición astra botalos a presidio.

O presidente perguntou berrando pra cumprir coa lei si faltaba algún eleutor por votar. Non votara ninguén, mais non houbo quen se achegase a facer uso do seu dereito, entretidos coa idea de facer uso dos seus paus con moca. Logo escomenzouse o escrutinio.

Sin agardar polo resultado da eleución e namentres o presidente quedaba metendo a mau na xerra, finxindo, bulra, bulrando, que sacaba dela as papeletas que meteran os eleutores, xa o que viñera da vila siñalado como pedáneo, camiñaba escontra a súa bodega co gallo de traguer unha xerra rebordando viño pra festexar a sua eleución, sin esquecerse de coller á volta na taberna do tío Aldruco unha poia de pantrigo i unha fonte con duas dúceas de ovos cocidos.

O agasalleiro veciño chegou a tempo pra escoitar dos lábeos do presidente a súa procramación de pedáneo.

A cirimonia eleutoral xa iba rallando e non era cousa de remexer máis na xerra que facía de urnia, ventando aqueloutra xerra que facía de bota. Sobre da mesma mesa en que se puxeran a elexir, escomenzaron a tomar un taco.

Os da oposición desapareceran pola congostra veciña de cara á taberna, indo cicais a botar un trago, en troques de que non poideran votar a secas.

Anoitecía; no ceo non había nubes, pero ós da mesa antoxóuselles que iban a chover paus, e fóronse por onde viñeran, non sin que dinantes a xerra que fixera de urnia se enchese de viño tres veces a reo na bodega do elexido.

Ansí se fan os pedáneos.

O DEREITO DE VOTAR

Algo debeu fumegar nas vilas cando nos días derradeiros se moveron as xentes máis que de costume; como si os homes serios andivesen ó xogo das catro esquinas, polo que vin en Ourense e polo que contan os periódicos de Madril, iban de colexio en colexio eleutoral, pra ver si en algún había lume e se queimaban os candidatos que a coalición liberal puxera.

Axuntáronse os partidos liberás pra lle facer a contra ó Goberno. ¡Ansí se xuntaran os gallegos pra loitar polo seu adianto e pra escorrenta-los males que os afrixen! Pero conquire a política o que non conquire o amor da patria, que ó cabo, si os gallegos temos corazón tamén temos estómago, e si un sinte o outro dixire, e como agora andamos co sigro, son máis os que cobizan manterse que os que se degoran por honrarse.

Pola carrilleira da política vaise a pé feito escontra o medro, e polo camiño do amor da terriña non se alcontran máis que feridores toxos e desenganos de abondo.

Os partidos liberás axuntáronse pra lle insinar os dentes ós lapidantes que nos gobernan, xa cansos de andaren langraneando con sede e fame de xusticia. Sirveulles de disculpa a eleución de concellos, como si se lles dera un pito porque os concellos fosen o que deberan ser pra venturanza dos labregos.

Coas forzas que empregamos na política faríamos milagres si nos axudásemos a unha pra traballar polo adianto do país. Mais non temos que lle facer; van as cousas polo camiño que levan, e ten agora máis validencia o dereito a votar que o deber de se sacrificar pola patria que nos agarima.

¡E como se exerce o dereito a votar!

Entre us que non saben exercelo i autros que se aproveitan da iñorancia dos eleutores, tórceno de maneira que se asemella a calquera cousa menos a un dereito.

O paisano que polo ano adiante vive esquecido, sin que ninguén se recorde das súas coitas nin se doa dos seus salaios, o labrador que anda co sacho na mau esfatamiñado i acabadiño pra se manter mal e pagar ben os trabucos e rendas, dálle creto ás barballoadas dalgús zumezugas que pra asegurar a pitanza traballan polo trunfo do candidato do goberno, e si cadra votan en contra dos seus veciños, daqueles que por desleigados que fosen terían máis tino do seu adiantamento.

Outros eleutores, fartos de ouvir latricar, métense na casa ou póñense á porta agardando a iren a votar co que máis lles conveña, rexindo o direito de votar polo refrán *do lobo un pelo*, ou polo sistema de *aliquid chupatur*. Dempois veñen as queixas; logo que se deprocatan do que fixeron polas secuelas do feito, botan as maus á cabeza e desconsólanse, xurando e perxurando non volveren ás andadas, pra caír na gaiola de novo á promeira que se lles presente.

¡E preséntanse tantas nestos tempos de arrautadas políticas e de fanfurriñas eleutorás!

Os labregos nos días das eleuciós fanse de cobizar e danse a valer. Trannos e lévanos en coche; énchenlles o papo a pedir de boca; non teñen o traballo de botar a mau á monteira pra saudar a ninguén, pois dinantes de que o fagan por cirimonia, os señoritos de máis perendengues, coa sourrisa nos labios e pasándolles a mau polo lombo, dinlles que se cubran, que non gasten cumpridos, que falan con amigos vellos e con xente francota.

Polo modo que teñen de se deixaren querer algúns eleutores, pola pouca validencia que teñen dos seus direitos, polo moito que llas meten polos ollos, eu non sei, cando lles pasan a mau polo lombo, como non se deitan polo chau como fan os bacoriños, fóra a alma.

Namentres os labregos non se dean máis a respetar, namentres vaian co promeiro que os leva, namentres non teñan concencia íntema dos seus direitos non sairán do esquecemento e da miseria en que viven, nin terán voz nin voto en nada, pois a canto falen chamaranlle parola, e por canto voten non se lle dará un pito ós lapidantes que saben por experiencia que os votos dos labregos sirven pra volvérense contra eles sólo con agasallalos.

Este defeuto, este aldraxe social botou como en ningures fondas raíces na nosa terriña. O ministro da Gobernación, cando quere facer un diputado a cortes de calquera aduanante dos que lle andan facendo a rosca do galo, ou dun político de tres ó carto que valla pra dicir si ou non, según ó ministro lle veña ben, lémbrase de Galicia, e con darlle o seu nome ó gobernador da provincia, deixa saír trunfante das urnias ó achegadizo e astra non falta quen no distrito lle dea vivas ó señor diputado a troques dunha cartería ou doutra zapicallada.

Discútense máis tarde no Congreso cousas de importancia prós nosos intereses; mídennos polo raseiro das rexiós máis adiantadas e ricas, danlle polo pé a calquera das poucas industrias que temos, i a nosa representación en cortes, sin que sea milagre, pois non a conecemos nin nos conece de vista, ou se fai a xorda ou cala, deixando que nos esfolen o pelexo, pois pró que perde...

Con traguer en ándeas ó ministro que o fixo diputado, ó país que o leve o demo, pois inda que sea renegando ha de elexilo outra vez si o mal precurador conta coa voluntá do manate.

Pensande ben no que vos falo, meus compañeiros de monteira, e non vos deixendes levar como bestas de carga polos agasallos dos que teñen a corda na mau e turran dela pra facervos andar adiante polo camiño da vosa perdición: xa máis acabadiños do que estandes non podendes estar, xa non vos poden botar riba do lombo máis das que vos botan, e pra vivir como vivindes, pra pagar o que pagandes e mais non ter a libertá de facer o que querendes, que malos lobos me non coman si non é millor aforcarse coa renegueira como Xudas.

Ou trocandes o dereito de votar polo de bater, que no tocantes ó manexo do fungueiro sondes avisados, ou votande por quen vos salla de adrento ou non votendes por naide, e quen queira saír diputado ou concexal, que o logre polos seus merecementos ou que o conquira polo seu esforzo.

Na feira da política, onde tanto se vende e se merca, os que mandan fan o papel de tratantes, os que cobizan mandar o de chalás, i os que sempre son mandados o de bois.

Si non querendes que vos berren ¡ei, boi, ei! os que levan a aguillada e tanguen, exercitai con máis concencia os vosos dereitos.

DENUNCIA E LOITA

A UNIÓN É FORZA

Eu conezo xa fai moito tempo ó tío Goriño do Pendello, home de boa fe, honrado, traballador e cristiano daquela caste; sabe de mamoria máis de cen versos gallegos, lee cando ten un momento de desafogo, fíxase en todo canto pódea millorar os poucos eidos que Dios lle deu, fai o ben que pode, i anque probe, vive felís, libre de alleos coidados e de extranos remordimentos. O tío Goriño, en fin, é un bo gallego; cada ves que pasa por diante da eremita da súa acurrunchada aldea, dálle un anaquiño de pan a un probe cego que pide preto dela, saca a monteira e reza algunhas das oraciós que lle deprendeu a súa nai cando era neno. A naide lle fai dano; non hai un home no lugar que non lle queira ben.

¿Hai moitos gallegos bos asina? Non, por certo; a mala herba crece que rabea; non pasa un día sin que nas nosas aldeas se vexan as señales do xordo resentimento, da mala envidia que teñen us pra outros. Tremo de pena decindo isto, mais non podo calalo. Os nosos compañeiros trátanse como extranos. A facenda do tío Xan que por descoido comeu unha pouca de herba no prado do Bastián, abonda xa pra que iste o abafe con cen motes, si é que non lle pranta en menos do que canta un galo a correspondente demanda xudicial; xusticia é a que entre os nosos paisanos guía, por ben ou por mal, as malas pasiós, e soilo por medio dela poden chegar a unha avenenza xusta. Asina eiquí medran tanto os escribaos e precuradores, praga do inferno que afrixe os nosos lares, morcegos que chupan e confonden os frutos do noso traballo.

Hai unha romaxe no Ribeiro, e por calquera cousa os mozos do pobo veciño arman unha de paus que fai tremar a terra; van os dun pobo a outro, i en ves de mirarse cal irmaos que son, trátanse como extranxeiros enemigos; sabe calquera unha cousa boa e de proveito prós demais, e tena ben gardada, cal si ó decila lle socedera algunha mala sorte.

¿Que é isto? ¿Que demos de descordias semearon nos curazós dos fillos de Galicia pra que asina tan mal se leven? ¿Terá dura por moito tempo ista desgracia que nos fai pequenos e debres pra chegar a ver o sospirado día da nosa rexeneración?

¡Abofellas que non! Temos un remedio que pode servirnos de moito proveito. Os gallegos enxebres como o tío Goriño, os que inda teñen a moita honra chamarse tales e levar monteira na testa, os que falan no noso brando lenguaxe, os que teñen fixas no curazón as ideas do ben, o amor á pátrea, poden rexenerar o noso país, facelo grande como debera ser xa fai tempo, como xa foi en longas edaes, levando por diante, escrito en letras de ouro, istas sagradas palabras: *A unión é forza.*

¿Non haberá en cada aldea dista adourada terra nosa un gallego que teña tan boas e favorabres condiciós? Si; hai un, dous, tres e catro tamén. Dous solos que foran, abondaban pra esparxer a semente da nosa felicidá nas probes chouzas dos labradores.

O esforzo que pra conseguir tan cobizada venturanza tiñan que facer sería pequeno. Axuntalos na súa casa polas noites, nas eiras polo vrao, a carón do lume no inverno, parrafear co iles, facerlles deprender de mamoria algús cantares gallegos, dises que están cheos e prefumados de amor pátreo, dises que fan espertar na i-alma do antiguo celta o espritu rexenerador e libre dos xenios das montanas, dos nosos vals, e do mar que loita muxindo coa longa costa que lle sirve de cadea; facerlles comprender a dinidá do home, a veneración que deben ós sábeos que nista terra naceron i a obrigación que teñen de honrar as súas cinsas; desvialos das falsas creenzas, dos consellos das *sábeas*; do odio con que miran as grandes pobraciós, xuzgando que os fillos distas non traballan e soilo viven coas gabelas que a iles lles botan, sendo asina que os que nacen nos grandes pobos sofren e traballan tamén; infundirlles o amor á lectura, alumeándoos coa divina luz da istrución; facelos, en fin, máis xustos e menos lixeiros; máis unidos polos lazos da vecindá, da pátrea, do cristianismo, e menos espallados por fondas xenreiras e por miserables ambiciós; convencelos de que as coitas que sofren están sostidas pola súa neglixencia, polo seu descoido, polas súas descordias.

Apena o curazón botar unha ollada a tantos males que nos afrixen; núbranse os ollos vendo tantos feitizos, tantas harmonías e tantos encantamentos nista frorida terra, chea de venerandos recordos, testigo de feitos heroicos, de fazañas sin conto, de sacrificios sin exemplo, de brisas que se queixan, de ríos que falan, de mares que cantan eternos hinos de groria, de páxaros que sosteñen prefumes virxinales, de castelos e roínas cobertos de musgo e de hedra que gardan cen mamorias doutros tempos, e dunha lus crara, limpa, esprendente, destelo da lus de Dios, do mismo fogo que debe arder drento das pupilas do Creador, pois eiquí ten cravada a súa vista.

¡Non sei que fonda tristeza sinto na miña i-alma ó ver a desunión que teñen os gallegos! Cando loitan entre si, cando se desfán coas maus que deberan axudarse, non podo menos de excramar: «Eiquí tedes un paraíso cheo de demos soltos.»

¡Gallegos, gallegos de boa fe, traballai pola groria da vosa terra! Cautivade o curazón dos indifrentes, axuntando a todos, facei que nas aldeas, nas vilas e pobos non haxa máis que amantes dista bendita rexión que se chama Galicia. Tede moi en conta, non esquenzades xamais aquelas verdadeiras palabras que din: A UNIÓN É FORZA

O QUE FALTAN SON HOMES

¿Habera alguén que se estreva a negar a fertilidade e riqueza do noso chau? ¿Haberá quen pódea dicir con causa xusta que en Galicia non temos cencias nin artes, industria nin comercio? Certo que non, i anque abondan moitos barafullas que parés teñen o oficio de facer escárneo da nosa pátrea, non por eso chegarán a conseguilo, pois, pese a quen lle pese, eiquí amostra Natureza a cantos velo queiran os infinitos encantamentos, os mil tesouros de riqueza que Dios espallou a maus cheas por este frorido anaco da rexión española.

Traballa o labrador nos seus campos dende que a lus da i-alba alumea os picoutos dos montes, onde o gando pace, astra que a lus do sol que morre os doura de novo cos seus refrexos; traballa sin sosego o home de cencia na soedá da noite pra chegar ó profundo conocemento das cousas que teñen vida e se moven diante dos seus ollos; traballan, en fin, todos cantos teñen un alento de esprito, e... mala fada, non damos cuasque un paso no camiño do noso adiantamento e rexeneración. Temos os elementos necesarios pra que a nosa terra chegue a ser verdadeiramente industrial e comercial; contamos con homes de inxenio que poideran despexar a intelixencia do pobo; temos forzas de abondo pra facernos grandes diante das demais naciós, i a pesar de tan inumerabres ventaxas, somos hoxe os mesmos de antronte, e si Dios non o remedia, seremos mañá os mesmos de hoxe, esto é, us gallegos desapegados de cantas cousas nos conveñen, us verdugos dos nosos xenios, us descoidados por todo canto pra groria da nosa pátrea temos.

E non xuzguedes que digo esto soilo polo pracer de falar, abofellas que non; ben quixera estar calado, pois teño en conta aqueles refráns que din: «O que moito fala en algo erra», «En boca pecha non entran moscas».

Eu, que xuncras me leve si cobizo outra cousa que o ben dos meus compañeiros de monteira (anque hoxe poucos se ven), teño por obrigación sagrada, ademais de cantar as grorias do noso país, que non son poucas, amostrar os defeutos que nos luxan, que son moitos.

Alcéndense as meixelas de vergonza cada vez que penso en certas cousas que en Galicia pasan. No día, por exempro, cando tan famentos andamos de escolas, xa algús reloucados andan traballando pra poñer prazas de touros.

Outros, con máis fumes que unha parrumeira, desconocendo que non pode haber nacionalidá sin ter en pé a súa fala, din que a nosa léngoa non é máis que unha mistura da portuguesa, sendo asina que o dialeuto portugués é un fillo, e non castizo, da nosa léngoa; e falo deste modo porque conto coa autoridá de moitos homes de cencia e filólogos, entre eles, coa do sábeo autor da Gramáteca, D. Xan Antón Saco. ¡Falen agora os pelengrís que aseguran ten o gallego moitas palabras do *portugués*!

Non concruiría si fora a falar unha por unha das opiniós, inxustas por certo, que de nós teñen extranos e própeos.

Todo temos en Galicia: chorros de auga pra apricar como forza motriz á industria, tesouros de produción pra facernos ricos, inmensas forzas pra chegar a ser poderosos, grorias lexítimas que nos fan grandes, homes de cencia que si fósemos máis apricados, faríannos tan ilustrados como os que máis; temos, en fin, canto pode erguernos do abatemento en que vivimos. O que falta é máis unión, máis autividá, máis amor patrio, máis oídos pra escoitar a voz dos sábeos; o que falta é concerto, maus que impulsen a agricultura, que esparexan a lus da istrución: o que falta *son homes.*

¡TRABALLO PRÓS LABREGOS!

A fame anda de ronda polas aldeas chamando ás portas dos probes, avariciosa de engulir vítimas. Alá polo inverno fartarase delas. Os agros de onte fértiles i amostrando abondosa recolleita non son hoxe máis que ermos. O pedrisco nin deixou herbas pró gando. Foi unha estragueira.

Os salaios, as desfortunas dos labregos, espertaron nas boas almas o sentemento da caridá. Astra os diputados provinciales, de costume cegos no tocantes a ver as miserias que pasamos, e decote xordos pra escoitar as xustas demandas que lles facemos berrando, traballan agora sin folgo pra axuntar algús cartos, cobizosos de remediaren as desgracias i os desconsolos que sofren os acorados fillos das nosas aldeas. Pro inda que son de validencia estas axudas, non abondan, que os cartiños que podian axuntarse nin chegarán a medias merendas prós que famentos i espidos veranse no caso de pediren unha limosna de porta en porta pola mor da furia dos elementos.

Non debemos esquecer que fai pouco tempo se repartiron no distrito de Ribadavia dez mil pesetas, nunha forma que máis que axuda foi un sarcasmo, porque ós máis dos labregos tocoulles a dúas cadelas, coas que a non empregalas en cordel con sebo ou sulimán, xuncras leve as ventaxas ou remedios que alcontraron prós seus infortunios.

¿Que poden conquerir os esforzos xenerosos dos diputados da provincia e de tódalas almas caritativas que empresten axuda nesta campaña de socorros? ¿Axuntarán un millón de reás? Inda que os xunten chegarán a pouco, porque pasan de cen as parroquias acabadiñas polas tormentas, ¿e que son dez mil reás pra cada parroquia? Pan pra hoxe e fame pra mañá.

Polas axudadas do Goberno podemos agardar sentados, a xuzgar pola présa que se dá o ministro de Gobernación en socorrernos. Xa rixen os novos presupuestos, e inda non meteu as maus no fondo de calamidás pra coller unha preixa de ouro pra esparexer nesta esquecida provincia gallega.

Os manates da política solamentres botan millo a paxaros, e nosoutros non somos dos de conta, nin dos que estrapexamos no poleiro, nin dos que fincamos o pico no paízo do presupuesto. Pagamos e calamos, e pra pagar temos que privarnos do máis preciso, e pra calar sabe Dios o sacrificio que nos impomos.

Pro os recaudadores van cobrando as cánimas, i o demais... fouce. Dirá o Goberno que non sabe polas que pasamos, que polo de agora non houbo en Galicia que embargar as terras pra cobrar os trabucos.

Dende lonxe vense as cousas por outros vidros que nosoutros as vemos. O negro da miseria dos probes é prós ricos color de rosa. As fames que se pasan polas mentes non as sinte o estómago, como non nos manteñen ós probes as enchentas que tomamos co pensamento.

Por eso, xa desenganados, non pedimos máis que traballo. Pedimos que se lles dea traballo ós que quedaron sin terras pra precurar e sin chouzas en que acollerse; pedimos pan prós que non alcontran onde ganalo a forza de traballar; pedimos que acorde o Goberno empregar algús miles de pesos en obras púbricas nesta rexión de Galicia a quen tanto piden pra non lle daren nada; pedimos, porque a fame nos fai falar, que se faga en Galicia o que noutras rexiós de España se fixo fai tempo.

E non é pedir por pedir, nin queixarse de vicio, nin pretender montes e moreas.

Pedimos traballo prós labregos.

INVERNÍA

Xa escomenza a branquexar a xeada nos agros; xa os lobos da serra baixan esfamentados ó val, degorantes de facer presa no gando mal arrecadado; xa o courisco tolle, e polas mañanciñas e polas noites fai un frío que rabea.

O sol non pode coas brétemas, i os probes, que traballan na precura dos eidos, sinten estranías pola súa ausencia.

Nos lares das aldeas os que teñen pra manter o lume acóchanse fuxindo da invernía, e sentados nos escanos contan os vellos contos, as vellas coidan dos potes que ferven a cachón, i os neniños que dormen soñan cos ánxeles do ceo a carón daquel limbeiro de luz con somellanza de purgatorio. Nos lares dos probes alampan as foupas i as carrachas que aixiña se consomen, e logo que a quentura lles falta ós coitadiños, vanse a deitar no leito cobríndose cunha manta feita de farrapos.

Nestas noites de inverno, alá polas altas horas, namentres que dorme todo, namentres que o calor agarímase no máis íntemo das chouzas, doume a cavilar nos esmorecementos e nas tristuras, nas agunías e nas congoxas, nos acoramentos e nas miserias que pola calada sofren os meus compañeiros de monteira, que á forza de traballar non conquiren unha vida medianeira.

Fálase moito da rexeneración gallega, dos adiantos do sigro, das axudas a que teñen direito os labradores; en ardentes cantos laudan as súas virtudes os poetas, i en notas de fogo ispiradas polos xenios dos nosos dioses penates, i empuxados polas maus das nosas fadas ventureiras, espállanse polos ventos hinos en honra da agricultura; pro como si fose *música celestial*, os ecos daquelas sonatas pérdense, i os que, co sacho na mau, traballan e traballan astra morreren, os que loitan en sacreto con tódolos contratempos da vida, os que ven os seus fillos espidos e cuasque aguniando por non ter pra asistilos como deberan, os que levan no corazón as fondas angústeas do xeneral esquecemento e da ingratitude da sociedá, os que non alcontran agarimo en ningures, os que pra ser ouvidos en xusticia teñen que soltar os cartiños, aqueles iñorados mártires do traballo que non logran ver recompensádo-los seus esforzos, eses que non son nada e sono todo, ese prós que nunca chega o día de asosegar e prós que non brila o sol da redención social, eses que son lembrados homes libres sin que venten nin os lóstregos da libertá, eses... que camiñan ateridos por este desterro, sin agasallos, sin nome, sin groria, sin espranza e sin levar por diante máis que un porvir escuro, sempre sinten frío no corpo e frío o espritu.

¡Ah! ¡Canta neve, cantas xiadas ven os ollos do filósefo nesta invernía social, que acó por Galicia deixa os agros a ermo i ós labradores en coiros, condanados a viviren no raso, tremando e sin sentiren o calor das decantadas reformas que o progreso precura prós nados no sigro dazanove!

Falo cos que me entendan: non me doi que se acheguen as nevadas do inverno nin que non haxa lume polas noites na lareira dos probes; sinto esconsolos porque na eterna invernía que os gallegos pasamos, as brétemas da iñorancia nubran o sol da intelixencia, e porque con sede e fame de xusticia camiñemos azoutados polos ventos do caciquismo polo sendeiro máis peligroso que poideramos coller na camiñata do mundo.

Pra nós a riseira primadeira coroada de froles nin o abondoso vrau acogulado de froitos chegan.

Andamos sempre ateridos.

OS TEMPOS VELLOS

Cara nos sai a civilización ós labregos que neste adourado curruncho da terra vivimos como as miocas, ou como as benditas ánemas, sin luz pra ver unha peseta forra, e abrasándonos no lume que atizan os que gobernan da cuchumillada de cánemas que nos poñen a rente do corpo, a xeito de feixes de garamata, de foupas e carqueixas que, no tempo dos magostos, e pra asalas, se botan riba das castañas.

Téñennos queimados, pro como nos queiman en vivo, nin xiquera temos a risoña espranza de nos volver carbón pra nos quentar nestas ateridas noites de inverno, unhos á conta dos outros.

¡Ai, si tal socedese, si cousa como ela se vise, cantos xenros se quentarían con pracer ó calor das súas sogras ardendo en labareda viva na lareira, entramentres non ardan nos profundos, asegún en opinión de moitos relaxados terán que ir a parar si non teñen tempo de se arrepentir ou Dios non o remedia!

A moderna civilización en Galicia éntranos polo estómago e sainos á cara, botando labaredas de coraxe polos ollos. E de metérsenos tanto, déixanos o estómago cheo de teorías, que non fartan, e de tanto saírnos á cara, pónnola de poucos amigos.

Esta casta de civilización tennos acabadiños.

A locomotora asubía voando polos vals; brinca sobre dos ríos; como un boio moustro vai afuracando as montañas; rosma como un can de palleiro, ou respinga como unha fera cando se para nas estaciós; parés de preto unha tremenda serpente e de lonxe, aguia voadora; xa asomellla unha vila andando, que trai e leva dunha parte pra outra os prodixios da industria, o trafego, os froitos da agricultura, os adiantos do día... Pro tanto nos leva e tan pouco nos trae, que inda que vexa visiós e fagan cruces os laudadores do progreso polo dito, leve xuncras si pra Galicia pasa de ser un daqueles vellos almatostes que eran conecidos polos nosos pais co nome de carromatos.

Pola mor da locomotora, i en troques das picalladas que nos trai e que mercamos máis baratas que denantes, os porcos da terriña, arrincados do cubil, van viaxando en tren prás Castelas sin dárenlles tempo a morrer onde naceron; as galiñas, que tamén agora se fixeron tan señoritas que viaxan en tren, críanse na nosa terra pra poñeren os ovos e deixaren a pelexa nas alleas; i astra as noxosas patacas –mantenza que non nos pasaba das gorxas e da que xa nos alcontrábamos fartos–, inda non ben sachadas, xa saen do eido pra se embarcaren, pra írenlle facer compaña ós garavanzos cativos, amantes que lles deron ás nosas repoludas anque ensosas patacas.

A serpente de ferro, como si sorbese todo co seu alento, non para de engulir, e vaise dempoixa pitando das nosas montañas e das nosas ribeiras, co ventre acugulado de froitos e de reses, de canto precisamos pra nos manter, e que sacamos da boca pra termos unha preixa de pesetas que levar á faltriqueira, degorante de cartiños, non pra gardar, sinón pra telos alí dispostos pra cando chegue o caso de que nolos pidan, denantes que a señora xusticia, que non gasta de cirimonias e cumpridos cos probes, chame ás portas das chouzas das aldeas pra facer as súas visitas de costume; visitas de tan malas resultas, que deixan por portas ós visitados, ou de non deixalos por portas, arramplan con canto atopan ó paso.

¡Que tempos! ¡Que tempiños aqueles en que os labradores de Galicia dispuñan de centeo, millo, patacas e carne de porco pra se manter, i andaba o viño nas xerras como si fose auga, e cunhos ichavos, pola baratura de tódalas cousas, cuasementes que se faguía unha festa!

¡Que tempiños aqueles en que as monteiras cubrían as cabezas dos nosos antepasados, en que solamentres se ouvían os chíos da gaita nos turreiros, e sin acoramentos nin agonías, probemente, pro con desafogo, iban turrando pola vida os nosos ascendentes!

Leve o diaño si miga teño de retrógrado; pro cando se me veñen á memoria os tempos vellos, o que eran estonces os gallegos i o que somos agora, o sosego de onte i as aperturas de hoxe, sinto antoxos de renegar dos cacarexados adiantos, que polo menos pra Galicia trouxeron solamentres coitas, fame, barafundas e fanfurriña; que convertiron ó noso feitizado país nunha caste de ratoeira onde cazan os avisados e can os crédulos, onde devecen os que traballan e medran os que folgan; onde a civilización é unha caste de fungueiro co que nos mallan o lombo un fato de baduantes que teñen a concencia no estómago i o demo na cabeza; un gran pote onde nos cocen como si fósemos pitos; unha sartén onde nos friten catro lapidantes que non pensan máis que en falcatrúas e larpadelas.

E si non, vexamos. ¿De que direitos dispomos? Do direito do pataleo. ¿De que adiantos? Dos que nos fan os usureiros ó sasenta por cen. ¿Que ventaxas conquerimos? O aire.

Din que temos direito a elexir diputados, e pra que o tal dereito non ande a dereitas, lonxe de elexir nosoutros, os caciques son os que se encargan de facelos e de sacalos das urnias como unha bola de pan que se saca do forno quente e molente.

Aseguran que poden votar tódolos que sepian escribir e ler ou paguen calquera cuota de contribución, e como si as urnias eleutorales fosen armadillo do demo, solasmentres os alcaldes meten as maus nelas, e como a eles non lles veña ben, nin Dios vota.

Esprémennos canto poden e nin folgar nos deixan. O cacique vén a ser a encarnación do espritu moderno, o resumen de tódalas voluntás dos veciños, a representación de tódolos dereitos dos empadronados no concello.

Eles pensan por nosoutros, votan por nosoutros, comen e beben por nosoutros, campan e folgan por nosoutros, e no tocantes a eso non temos queixa; solasmentres nos deixan libres dúas funciós esenciales na vida: o traballo i o pago dos trabucos; dous dereitos; o de morrer de fame i o de pegarse un tiro.

E por faladurías non queda. «Coa mitá das libertás conqueridas neste sigro de progresos serían libres os pobos antigos» –crama un orador dende a tribuna palramentaria seguro de que somellante faladuría non ha ser posta en dúbida, ó menos alí, polos aldraxados, polos que sin pan e sin libertás agunían, polos que agora como nunca, son vítimas das mouras secuencias de tantas farándulas.

A políteca vén a ser hoxe unha praga pior que as de Exipto, mais non pra aqueles que dela viven e por ela son homes.

Hoxe todo anda trocado: os católecos somos paganos, os traballadores son probes, os vagos fanse ricos, os que deberan morrer de fame porque non traballan andan fartos; chámaselles libres ós escravos; gobernan os máis dos que non sirven pra seren gobernados; visten de señoritos moitos que non teñen señorío nin vergonza; son elexidos pra rexiren os destinos dos concellos os que non teñen que perder nin naceron pra rexir; e de contra destas pauliñas que sin chamalas se nos meten na casa, como si xa non fosen de abondo pra nos acabar, as falsificaciós viñeron a rematala. Por falsificar, falsifícase o patriotismo.

Astra a filoxera se meteu nas raíces das cepas pra acabar co viño, coa úneca sangue de que dispuñámo-los gallegos e que nos emprestaba ánemos pra soster a xigante loita que temos que librar co esta civilización de fanfurriña e de parola, que nos vai entrando como si fosen as tercianas, facéndonos devecer e deixándonos a pasos de morte.

¡Ai, vellos de Galicia, que tempos aqueles os tempos da vosa mocedade!

HOMENAXES

TEODOSIO VESTEIRO TORRES

Cheo o curazón de amargas coitas; magoado pola máis fonda e croel ferida, nubrádo-los ollos de bágoas, sin consolo nin paz na i-alma, veño a falarvos hoxe, meus quiridos compañeiros.

Seica un fado nemigo cobiza levarnos o que máis adouramos e canto pódea darnos grorias e renome. ¡Pobre Galicia! Esconsolada nai, vai perdendo pouco a pouco os xenios que a chegarían a facer grande e relembrada; pátrea semeada de encantamentos e recordos, parés que fai condenada a ver morrer, na fror da xuventú, os xenios que tiveron a sorte de nacer baixo o seu ceo de prateadas nubes, fulxentes estrelas e limpo sol.

Chorai, meus quiridos compañeiros, chorai polas nosas perdas, polos fondos dores que nos afrixen.

O tenro poeta, o fel cronista das nosas grorias, Teodosio Vesteiro, o curazón nobre e xeneroso, a i-alma namorada de cantas cousas grandes e subrimes pode soñar o espritu, ¡ai, coitadiño!, morreu na vila de Madril o día doce diste mes de San Xoán. ¿Haberá alguén que non conecese a iste bo fillo de Galicia? ¿Queredes saber quen era? Vou compracervos, anque me custe o lembrar certas cousas bágoas e sospiros sin conto, anque sinta morrer o curazón no fondo do peito. Eu quero, eu cobizo, eu rógovos que o levedes decote na mamoria, que non o esquezades namentres teña un latido voso curazón.

Teodosio Vesteiro naceu na cibdá de Vigo; arrolaron o seu berce as augas do mar, as olas que se estrelan na costa ós pés daquil pobo, que parés unha pomba deitada nun leito de frores. No simenteiro de Vigo tiña as cinsas dos seus pais. En Vigo tiña as afecciós da súa i-alma, o seu lar, os seus amigos, todas cantas prendas fan levadeira e garrida a pelegrinación por iste deserto. ¡Ogallá que vivira sempre en Vigo!

Teodosio Vesteiro viña o curazón de artista, e polo mesmo, era un soñador sublime. Cobizaba máis hourizontes pra extender as súas ás, máis lus pra despexar o seu espritu, e novas e difrentes sensaciós pra encher o seu curazón, pra darlle esperanza, vida, alento á súa i-alma.

Foise pra Tui: alí mereceu polos seus adiantos o cariño dos seus catredátcos, a admiración dos seus compañeiros. Facendo estudios prá carreira ecresiástica, foi merecente doa estima do siñor Obispo, e chegou onde poucos chegan, a poñer unha cátreda, sendo inda un fillo daquela escola.

Istes trunfos non foron de abondo pra apagar a sede inmensa de grorias que sintía. Aló nos ceos da súa imaxinación frorida viu novos e máis longos hourizontes, máis lus, máis poesía, e, roulsinor namorado das grandezas da terra, botouse a voar, a voar sin sosego astra alcontrar outro xardín onde erguer os seus primeiros e tenros cantos. Chegou a Madril, cheo de ilusiós e de vida, sedento de lus e grorias, puro cal os ánxeles coa i-alma limpa, serea, libre das tréboas das dudas e desenganos. Pasou algún tempo: botou unha ollada ó seu pasado e alcontrou os gratísimos recordos, os encantamentos, as legrías, os doces amores que gozou na súa terra, i alcontrouse solo, e por ves primeira cicaes, sintiu na súa i-alma a fonda tristeza das soedades: estonces, ¡ai!, estonces foi cando pensou con mái fogo, con máis amor e con máis tenrura na súa adourada Galicia. ¡Cantas veces sairía solo, cobizando respirar os prefumados airiños dista terra! ¡Cantas veces a levaría por compañeira fixa na súa mamoria!

Probe paxaro, choraba lonxe do niño dos seus primeiros encantamentos a morte da súa legría, a perda das virxes ilusiós da súa i-alma.

Aquil dor fondo, aquil mal sin cura, aquelas soedades trocáronse en correntes de tenrura, de amor, poesía e tristeza: os sentimentos do seu curazón traduxéronse polas palabras encantos cheos de inspiración e melancolía.

Escomenzou a cantar, mais a cantar con voz de queixa, sospirando, doéndose das súas coitas. ¡Ai, aquiles cantos foron as últimas vibraciós do seu ser, os postreiros resprandores da lus que se consome, as derradeiras notas da música que se vai perdendo lonxe, mui lonxe...!

Pensou máis que nunca na súa terra; viviu co seu recordo; traballou pra ela; cantou, facendo un esforzo xigante, as súas grorias; e por alcontrar un consolo, axuntou na súa casa os poucos poetas gallegos que en Madril vivían, e fundou a sociedá chamada «Galicia Literaria»; imprimiu cinco tomiños da *alería de gallegos ilustres,* e traballando asina, inframado de pátreo amor por Galicia, viviu algún tempo si non felís, tranquilo e sosegado.

Eu non sei o que teñen as soedades e doores das

almas sensibres, que as van consomindo pouquiño a pouco.

Un día –¡negro día!– volveu de novo a cobizar máis lus; quixo volver a voar, i alcontrouse sin ás, soilo, entre as espiñas diste deserto. Xa non tiña máis esperanzas, somido na oscuridá diste mundo, e quixo voar diste mundo, e quixo voar ó ceo, chegar astra os pes de Dios, confondirse cos seus ánxeles, beber nos seus ollos a verdadeira lus da inspiración, e chamou pola Morte; chamou, e non tivo resposta; e non alcontrándoa... buscouna.

¡Ai! Saía o sol, as frores enchían os aires de prefumes, cantaban os paxaros dende as polas das álbores; apareceu o novo día, e Vesteiro Torres, o inspirado poeta gallego, co máis fondo pesar, botando unha triste, infinita ollada de cara á súa terra, dándolle un bico amorosiño co pensamento, e mermurando os seus labios o quirido nome de Galicia, matouse coas súas propias maus.

¡Ai negro e coitado día! Galicia perdeu un dos seus máis loucos ademiradores, un fillo ilustre, un xenio crarísimo. Vesteiro Torres morreu; morreu dunha maneira triste, sofrindo cal un mártir. Non se matou polas probes e rastreiras cousas da terra; foi moito máis grande o seu sacrificio; ¡morreu pra buscar a Dios! Morreu siguindo o sol dun ideial; foi suicida, é verdá, mais foi un suicida nobre; non por outra cousa chegou a buscar a conta. Unha vida exemprar, un mundo de creencias que bulían no seu espritu, un xenio precraro, us conocementos grandes, un curazón inframado polo santo amor da pátrea, non farían sinón en ás dun pensamento grande, inmenso, tal loucura.

¡Ai chorade, meus quiridos compañeiros, chorade si

é que as bágoas vosas fan nacer frores por riba da cova diste malogrado xenio!

Morreu lonxe de Galicia: as súas cinsas fan nunha terra extrana, sin o arrolar dos prefumados airiños dista terra, a quen tanto amou, por quen decote sospiraba.

¡Quen llo dixera, meu Dios, quen llo dixera!

Il, que sin folguexar, sin ter xiquera un día de sosego, precuraba dar a conecer as nosas grorias; il, que non tiña outro pensamento máis que chegar a ser felís pra vivir e morrer nista adourada pátrea nosa; il, que se mantiña dos recordos que adormeceran en Galicia o seu curazón cando era neno; ¡ai, negra sorte, foi a morrer lonxe de eiquí, sin ter quen vertese unha verdadeira bágoa de dor, na triste hora en que se perdeu pra sempre nas fondas entranas da cova!

Eu non sei o que sinto na i-alma, non sei o pesar que me afoga, ó recordar o barullo rouco, xordo, misteiroso que a terra faría ó caer por riba da caixa que gardaba o corpo do morto quirido. ¡Ai, pra sempre adios, meu coitadiño, prenda do curazón, lus dos meus ollos, xoíña da terra nosa! ¡Adiós, pra sempre, cantos tenros e misteirosos que ti erguías, namorado roulsinor; xa se perderon aquelas forzas coas que ti loitabas pra facer relembrada e quirida e grande a terra nosa; xa non tes lus os ollos, fogo nos labios, latidos no curazón, pensamentos na i-alma.

¿Que se fixeron de tanta xuventú e saber, de tanta cencia e virtú, de tanto amor e legrías? ¿Onde fas, sábeo escritor e dolce poeta? ¡Malia morte que nos levou iste tesouro! ¡Malia o fado nemigo que o foi empuxando a tan fondo abismo!

Xa que non ten niste frorido chao un curruncho

onde dormir o sono da morte, xa que fai lonxe de nós, esquecido, mal premiado, facédelle no fondo do voso curazón unha cova, meus quiridos gallegos, meus bos compañeiros; tédeo decote fixo na mamoria, na vosa compaña cando vos afrixan as soedades, no voso pensamento, inda cando vivades ledos e satisfeitos. Ben é merecente de tanto, meu probiño.

Meus quiridos compañeiros: Si sodes felices, recordai o nome de quen tanto padeceu e loitou; si vos aqueixan as coitas, consolaivos co seu triste recordo; si sodes escritores, lembralo nos vosos escritos; si tedes a i-alma de poeta, feitizalo nas vosas amorosiñas cántigas, si traballades nos eidos, pensai que il traballou pola vosa rexeneración, polo voso adianto e milloras; non pode ter movemento un curazón na terra nosa que non lembre, que non queira, que no recorde sempre o nome de Teodosio Vesteiro Torres, xenio malogrado, curazón que morreu sofrindo, alma que viviu amando, lus que se apagou na terra por cobizar ter máis brilo nos ceos.

Eu ben quixera que non houbese unha probe chouza en Galicia onde non conecesen a súa hestoria, onde non tivesen o seu retrato; xa que non podo chegar ó logro das miñas ansias, os que cheguedes a ler iste pequeno mais fel recordo que lle dou chorando, deprendei istas cántigas, probes frores que, morrendo de coitas, boto enriba da súa cova.

ROSALÍA DE CASTRO

¡Mala fada viu a Galicia ó apardecer o 15 de xulio de 1885! A morte extendeu as súas ás mouras polos ámpitos de Iria Flavia, brandeu a gadaña e dunha vez segou pra sempre a existencia dunha das nosas grorias máis lexítimas.

Alí na súa casa solarega, tendida no leito, aguniante, cos ollos vidrosos, coa palidez dos cadavres no rostro, cos derradeiros alentos nos labios, co símbolo da redención nas maus, cos lóstregos da luz doutra groria no esprito, cos latexos dun novo ser no corazón, arrodeada dos seres que máis adouraba no mundo, expirou, foise prós ceos a pomba dos nosos amoriños, o roiseñol das nosas ribeiras, a náiade do cántabro mar, a brilante coroa de pelras das nosas patrias galas, o Génesis da nosa poesía contemporánea, o verbo da nosa ispiración, a frol máis arrecendente da nosa literatura, o ánxel da nosa redención, a nota máis ardente e subrime da múseca da nosa fala, o bálsamo das nosas saudades, a doce compañeira das legrías e tristuras da nosa terra, a galanía da representación da nosa raza, a escollida musa do noso Parnaso, a rola de Galicia, Rosalía de Castro, a relembrada e ilustre cantora das nosas tradiciós e costumes, que tiña pra seu culto e pra limbeiro da súa groria, laudes en tódolos labios, sentimento de simpatía e cariño en tódolos peitos, altar e perene luz en tódolos espritus, onde queira que houbese quen sentira lonxe as estranías pola súa terra, e seres que se gabasen de levaren nas veas a sangue celta, de teren o berce, o niño dos seus recordos, a espranza do seu porvir, a vida da súa vida neste adourado i esquecido corruncho da vella Suevia.

¡Tamén o sol morría aquela tarde! Tamén, alá lonxe, entre as brétemas do mar, os nosos xenios tutelares choraban a perda daquela muller, que tiña na súa frente o sello da divinidá, no seu esprito o poderoso feitizo do arte, no seu corazón as íntemas e sacretas harmunías do sentemento.

Sinto que se me engradan os ollos ó lembrala. ¿E como non, si Rosalía de Castro era, nesta terra dos grandes esquecementos e das grandes inxusticias, a feitizadora meiga que espertaba o sentemento do patriotismo nos que dormían, que alcendía o fogo das espranzas entre as escuridades dos que esmaiaban, e que con mau compasiva arrincaba dos sepulcros e das ruínas os restos da nosa pasada grandeza, das nosas tradiciós e grorias? ¿Quen que por gallego se teña non se doerá da imensa desgracia que nos afrixe? ¿En que anaco de terra de Galicia non sonará como un mal agoiro, como un salaio de angustia, como un eco de desesperación, a infausta nova da morte de Rosalía de Castro?

Un a un, como pingas de auga que can nun pozo sin fondo, vámolos perdendo todos; fuxen aqueles xenios que pra honra nosa viñeron ó mundo pra nos arrolar cos seus cantos, pra vivir pelegrinando e pra morrer sofrindo as congoxas do noso desleigamento.

¿Que facemos en vida pra honrar ós nosos xenios? ¿Que facemos co eles dempois de mortos?

¡Ai, coitada Galicia! ¡Velos ir coa cruz a costas camiño do calvario pra te redimir, e lonxe de axudalos, éncheslle de toxos o camiño e miras con aldraxante indifrencia os seus sacrificios!

¡Si tes concencia, medita e pensa diante dese cadavre! ¡Chora, e chora lágrimas de sangue, que inda así chorando non farás máis que comprir, anque tarde, cun dos teus deberes máis sagrados!

Non terán brilo as túas grorias, nin locirán os teus feitizos, nin cheirarán as túas froles, nin laudarán o teu nome si non te cobres de loito pola morte da máis lexítima das túas grorias, si non recolles as máis garridas froles dos teus xardís pra texer coroas e poñelas na súa cova, si non laudas o nome de Rosalía de Castro.

VALENTÍN LAMAS CARVAJAL (Ourense, 1849-1906) quedou cego moi novo e dedicouse ao xornalismo e á literatura. Foi o fundador da primeira publicación periódica escrita enteiramente en galego: *O Tío Marcos da Portela.* Como narrador publicou *Galegada* (1887) e *O catecismo do labrego (1889).* Como poeta publicou *Espiñas, follas e flores (1875/6), Saudades Gallegas* (1880) e *A musa das aldeas* (1890), poesía costumista. *O catecismo do labrego* tivo un enorme éxito no seu tempo e foi constantemente reeditado.

INDICE

XERAIS